TANCREDE,
TRAGÉDIE.

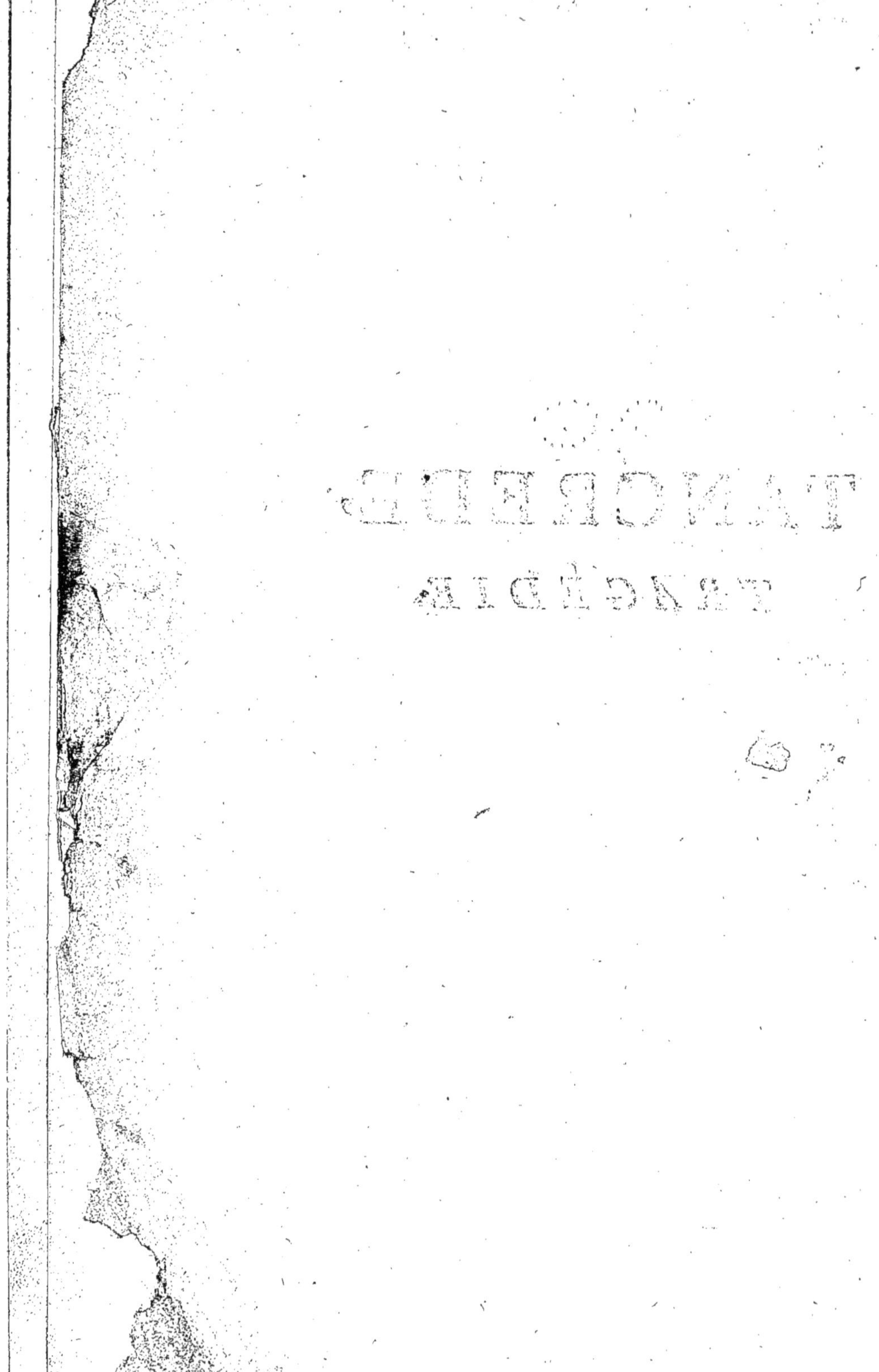

MARIE FRANÇOIS ARROUET
DE VOLTAIRE
Né a Paris en 9.bre 1695
Peint par Delatour.
A.P.D.R.

TANCREDE,

TRAGÉDIE,

EN VERS ET EN CINQ ACTES;

Représentée par les Comédiens Français ordinaires du Roi, le 3 Septembre 1760.

Le prix est de trente sols.

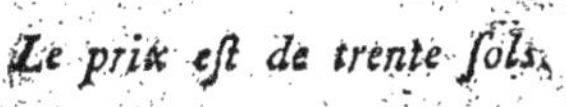

A PARIS,

Chez PRAULT, petit-fils, Libraire, Quai des Augustins, la deuxieme Boutique au-dessus de la rue Gilles-Cœur, à l'Immortalité.

M. DCC. LX.

AVEC PRIVILÉGE DU ROI.

A MADAME
LA MARQUISE
DE POMPADOUR.

MADAME,

Toutes les Epîtres dédicatoires ne font pas
de lâches flatteries ; toutes ne font pas dictées par
l'intérêt. Celle que vous reçûtes de M. Crébillon,

mon Confrere à l'Académie, que j'ai regardé comme mon Maître dans un art que j'ai toujours aimé, fut un monument de fa reconnaiffance ; le mien durera moins, mais il eft auffi jufte. J'ai vû dès votre enfance les graces & les talens fe développer ; j'ai reçu de vous, dans tous les temps, des témoignages d'une bonté toujours égale. Si quelque Cenfeur pouvait défapprouver l'hommage que je vous rends, ce ne pourrait être qu'un cœur né ingrat. Je vous dois beaucoup, MADAME, & je dois le dire. J'ofe encore plus : j'ofe vous remercier publiquement du bien que vous avez fait à un très-grand nombre de véritables Gens de Lettres, de grands Artiftes, d'Hommes de mérite en plus d'un genre.

Les cabales font odieufes, je le fçais : la Littérature en fera toujours troublée, ainfi que tous les autres états de la vie. On calomniera toujours les Gens de Lettres, comme les Gens en place ; & j'avouerai que l'horreur pour ces cabales m'a fait prendre le parti de la retraite, qui feule m'a rendu heureux. Mais j'avoue en même temps que vous n'avez jamais écouté aucune de ces petites factions ; que jamais vous ne reçûtes d'impreffion de l'impofture fecrette qui bleffe fourdement le mérite, ni de l'impofture publique qui l'attaque infolemment ; vous avez fait du bien avec difcernement, parce que vous avez jugé par vous même :

auffi, je n'ai connu ni aucun homme de Lettres, ni aucune perfonne fans prévention, qui ne rendît juftice à votre caractere, non feulement en public, mais dans les converfations particulieres, où l'on blâme beaucoup plus qu'on ne loue. Croyez, Madame, que c'eft quelque chofe que le fuffrage de ceux qui fçavent penfer.

Continuez, Madame, à favorifer tous les beaux Arts; ils font la gloire d'une Nation; ils font chers aux belles ames; il n'y a que les efprits durs & infipides qui les dédaignent : vous en avez cultivé plufieurs avec fuccès, & il n'en eft aucun fur lequel vous n'ayez des lumieres.

De tous les Arts que nous cultivons en France, l'Art de la Tragédie n'eft pas celui qui mérite le moins l'attention des perfonnes principales; car il faut avouer que c'eft celui dans lequel les Français fe font le plus diftingués.

C'eft d'ailleurs au Théâtre feul que la Nation fe raffemble; c'eft-là que l'efprit & le goût de la Jeuneffe fe forme. Les Etrangers y viennent apprendre notre Langue, nulle mauvaife maxime n'y eft tolerée, nul fentiment eftimable n'y eft débité fans être applaudi. C'eft une Ecole toujours fubfiftante d'éloquence & de vertu.

La Tragédie n'eft pas encore peut-être tout-à-fait ce qu'elle doit être. Supérieure à celle d'A-

thènes en plusieurs choses, il lui manque souvent
ce grand appareil que les Magistrats d'Athènes
sçavaient lui donner.

Permettez-moi, MADAME, en vous dédiant
une Tragédie, de m'étendre sur cet art des So-
phocles & des Euripides. Je sçais que toute la
pompe de l'appareil ne vaut pas une pensée sublime, ou un sentiment : de même que la parure
n'est presque rien sans la beauté. Je sçais bien que
ce n'est pas un grand mérite que de parler aux
yeux ; mais j'ose être sûr que le sublime & le tou-
chant portent un coup beaucoup plus sensible,
quand ils sont soutenus d'un appareil convenable,
& qu'il faut frapper l'ame & les yeux à la fois.
Ce sera le partage des génies qui viendront après
nous ; j'aurai du moins encouragé ceux qui me
feront oublier.

C'est dans cet esprit, MADAME, que je tra-
vaillai la faible esquisse que je soumets à vos lumieres. Je la crayonai dès que je sçus que le
Théâtre de Paris était changé, & commençait à
devenir un vrai Spectacle. Des jeunes gens, de
beaucoup de talents, la représenterent avec moi,
sur un petit Théâtre que je fis élever à la campa-
gne. Quoique ce Théâtre fût extrêmement étroit,
les Acteurs ne furent point gênés ; tout fut exé-
cuté facilement. Ces boucliers, ces devises, ces

armes qu'on fufpendait dans la lice, faifaient un
effet qui redoublait l'intérêt ; parce qu'en effet,
cette décoration, cette action devenait une partie
de l'intrigue.

Il eût fallu que la Pièce eût joint à cet avantage, celui d'être écrite avec plus de chaleur ; que
j'euffe pû éviter les longs récits ; que les vers euf-
fent été faits avec plus de foin. Mais le temps
preffait, auquel on s'était propofé de donner ce
nouveau Spectacle ; la Pièce fut faite & apprife en
deux mois. Elle fut jouée par des Français & par
des Etrangers réunis ; c'eft peut-être le feul moyen
d'empêcher que la pureté de la Langue ne fe corrompe, & que la prononciation ne s'altère dans
les pays où l'on nous fait l'honneur de parler Français.

Mes amis me mandent, que les Comédiens de
Paris n'ont repréfenté cet ouvrage, que parce qu'il
en courait une grande quantité de copies infidèles :
il a donc fallu le laiffer paraître avec tous les défauts que je n'ai pû corriger ; mais ces défauts
mêmes inftruiront ceux qui voudront travailler
dans le même goût.

Je ne fçaurais trop recommander, qu'on cherche à mettre fur notre Scène quelques parties de
notre Hiftoire de France. On m'a dit que les noms

des anciennes Maiſons qu'on retrouve dans Zaïre, dans le Duc de Foix, dans Tancrède, ont fait plaiſir à la Nation ; c'eſt encore peut-être un nouvel éguillon de gloire pour ceux qui deſcendent de ces Races illuſtres. Il me ſemble qu'après avoir fait paraître tant de Héros étrangers ſur la Scène, il nous manquait d'y montrer les nôtres. J'ai eu le bonheur de peindre le grand, l'aimable Henri IV, dans un Poëme qui ne déplaît pas aux bons Citoyens. Un temps viendra que quelque génie plus heureux l'introduira ſur la Scène avec plus de majeſté.

Je dois parler encore d'une petite nouveauté qui eſt dans Tancrède, & qui peut mériter un jour d'être perfectionnée. Cette Pièce eſt écrite en vers croiſés. Cette ſorte de poëſie ſauve l'uniformité de la rime ; mais auſſi ce genre d'écrire eſt dangereux : car tout a ſon écueil. Ces grands tableaux, que les Anciens regardaient comme une partie eſſentielle de la Tragédie, peuvent aiſément nuire au Théâtre de France, en le réduiſant à n'être preſque qu'une vaine décoration : la ſorte de vers que j'ai employés dans Tancrède, approche peut-être trop de la proſe. Ainſi, il eſt à craindre qu'en voulant perfectionner la Scène Françaiſe, on ne la gâte entierement. Il ſe peut qu'on y ajoute des avantages qui lui manquent, il fe peut qu'on la corrompe.

J'infifte feulement fur une chofe ; c'eft la variété dont on a befoin dans une ville immenfe, la feule de la terre qui ait jamais eu des Spectacles tous les jours. Tant que nous fçaurons maintenir, par cette variété, le mérite de notre Théâtre, ce talent nous rendra toujours agréables aux autres Peuples.

C'eft ce qui fait que des perfonnes de la plus haute diftinction repréfentent fouvent nos Tragédies & nos Comédies, dans plus d'une Ville étrangere, tandis que nous voyons dans nos Provinces des Salles de Spectacles magnifiques, comme on voyait des Cirques dans toutes les Provinces Romaines ; preuve inconteftable du goût qui fubfifte parmi nous, & preuve de nos reffources dans les temps les plus difficiles.

C'eft en vain que plufieurs de nos compatriotes s'efforcent d'annoncer à l'Europe notre décadence en tout genre. J'avoue que je ne fuis pas de l'avis de ceux qui, au fortir d'un Spectacle, dans un fouper délicieux, dans le fein du luxe & des plaifirs, difent gaiement que tout eft perdu. Je fuis affez près d'une Ville de Province, auffi peuplée que Rome moderne, & beaucoup plus opulente, qui entretient plus de quarante mille ouvriers, &

qui vient de construire en même temps le plus
bel Hôpital du Royaume, & le plus beau Théâtre. De bonne foi, tout cela existeroit-il, si les
campagnes ne produisaient que des ronces ?

J'ai choisi pour mon habitation un des moins
bons terreins qui soient en France ; cependant
rien ne nous manque. Le pays est orné de mai-
sons, qu'on eût autrefois regardées comme trop
belles ; cette petite Province est devenue un jardin
riant. Il vaut mieux, sans doute, cultiver sa terre,
que se plaindre à Paris de la stérilité de sa terre.

Me voilà, MADAME, un peu loin de Tancrède ;
j'abuse du droit de mon âge ; j'abuse de vos momens ; je tombe dans les digressions, & je dis peu
en beaucoup de paroles : ce n'est pas-là le caractere de votre esprit : mais je serais plus diffus,
si je m'abandonnais aux sentimens de ma reconnaissance. Recevez, avec votre bonté ordinaire,
MADAME, mon attachement & mon respect.

TANCREDE,
TRAGÉDIE.

ACTEURS.

ARGIRE; — M. Brifard.

TANCREDE; — M. Le Kain.

ORBASSAN, } CHEVALIERS; — M. Grandval.

LOREDAN, — M. Bellecourt.

CATANE; — M. d'Auberval.

ALDAMON, Soldat, — M. Dubois.

AMÉNAIDE, — Mlle. Clairon.

FANIE, Suivante; — Me. Préville.

PLUSIEURS CHEVALIERS ASSISTANS AU CONSEIL, ÉCUIERS, SOLDATS, PEUPLES.

La Scène est à Syracuse, d'abord dans le Palais d'Argire & dans une Salle du Conseil; ensuite dans la Place publique. L'époque de l'action est de l'année 1005. Les Sarrasins d'Afrique avaient conquis toute la Sicile au neuvieme siécle; Syracuse avait secoué leur joug. Des Gentilshommes Normands commençaient à s'établir vers Salerne dans la Pouille; les Empereurs Grecs possedaient Messine; les Arabes tenaient Palerme & Agrigente.

TANCREDE,
TRAGÉDIE.

ACTE PREMIER.

SCENE PREMIERE.

(Assemblée des Chevaliers rangés en demi-cercle.)

ARGIRE.

LLUSTRES Chevaliers, vengeurs de la Sicile,
Qui daignez par égard, au déclin de mes ans,
Vous assembler chez moi, pour chasser nos Ty
rans,
Et former un Etat triomphant & tranquille.
Syracuse en nos murs a gémi trop long-temps
Des desseins avortés d'un courage inutile :
Il est temps de marcher à ces fiers Musulmans,
Il est temps de sauver d'un naufrage funeste
Le plus grand de nos biens, le plus cher qui nous reste,

Le droit le plus sacré des mortels généreux,
La liberté : c'est-là que tendent tous nos vœux.
Deux puissans Ennemis de notre République,
Des droits des Nations, du bonheur des humains ;
Les Césars de Bizance, & les fiers Sarrasins
Nous menacent encor de leur joug tyrannique.
Ces Despotes altiers partageant l'Univers,
Se disputent l'honneur de nous donner des fers.
Le Grec a sous ses loix les Peuples de Messine,
Le hardi Solamir insolemment domine
Sur les fertiles champs couronnés par l'Etna,
Dans les murs d'Agrigente aux campagnes d'Enna ;
Et tout de Syracuse annonçait la ruine :
Mais nos communs Tyrans, l'un de l'autre jaloux,
Armés pour nous détruire, ont combattu pour nous ;
Ils ont perdu leur force en disputant leur proie ;
A notre liberté le Ciel ouvre une voie ;
Le moment est propice, il en faut profiter ;
La grandeur Musulmane est à son dernier âge :
On commence en Europe à la moins redouter.
Dans la France un Martel, en Espagne un Pélage,
Le grand Léon * dans Rome, armé d'un saint courage,
Nous ont assez appris comme on peut la dompter.
Je sçais qu'aux factions Syracuse livrée,
N'a qu'une liberté faible & mal assurée ;

---

* Léon IV, un des grands Papes que Rome ait jamais eus. Il chassa
les Arabes, & sauva Rome en 849. Voici comme en parle l'Auteur de
l'Essai sur l'Histoire générale, & sur les mœurs des Nations. « Il était
» né Romain ; le courage des premiers âges de la République revivait
» en lui dans un temps de lâcheté & de corruption, tel qu'un des beaux
» monumens de l'ancienne Rome, qu'on trouve quelquefois dans les
» ruines de la nouvelle. «

Où

Je ne veux point ici vous rappeller ces temps,
Où nous tournions fur nous nos armes criminelles,
Où l'Etat répandait le fang de fes enfans :
Etouffons dans l'oubli nos indignes querelles,
Orbaffan, qu'il ne foit qu'un Parti parmi nous,
Celui du bien public, & du falut de tous.
Que de notre union l'Etat puiffe renaître ;
Et fi de nos égaux nous fûmes trop jaloux,
Vivons & périffons fans avoir eu de maître.

ORBASSAN.

Argire, il eft trop vrai que les divifions
Ont regné trop long-tems entre nos deux Maifons,
L'Etat en fut troublé ; Syracufe n'afpire
Qu'à voir les Orbaffan unis au fang d'Argire.
Aujourd'hui l'un par l'autre il faut nous protéger ;
En citoyen zélé j'accepte votre fille :
Je fervirai l'Etat, vous & votre famille ;
Et du pied des autels, où je vais m'engager,
Je marche à Solamir, & je cours vous venger.
Mais ce n'eft pas affez de combattre le Maure,
Sur d'autres ennemis il faut jetter les yeux ;
Il fut d'autres Tyrans non moins pernicieux,
Que peut-être un vil Peuple ofe chérir encore.
De quel droit les Français, portant partout leurs pas,
Se font-ils établis dans nos riches climats ?
De quel droit un Coucy * vint il dans Syracufe,
Des rives de la Seine aux bords de l'Aréthufe ?
D'abord modefte & fimple il voulut nous fervir ;
Bientôt fier & fuperbe, il fe fit obéir.

---

* Un Seigneur de Coucy s'établit en Sicile du temps de Charles le
Chauve.

Sa race accumulant d'immenfes héritages,
Et d'un Peuple ébloui maîtrifant les fuffrages ;
Ofa fur ma famille élever fa grandeur.
Nous l'en avons punie ; & malgré fa faveur
Nous voyons fes enfans bannis de nos rivages.
Tancrede *, un rejetton de ce fang dangereux,
Des murs de Syracufe éloigné dès l'enfance,
A fervi, nous dit-on, les Céfars de Byfance ;
Il eft fier, outragé, fans doute valeureux,
Il doit haïr nos loix, il cherche la vengeance,
Tout Français eft à traindre ; on voit même en nos jours
Trois fimples Ecuyers **, fans biens & fans fecours,
Sortis des flancs glacés de l'humide Neuftrie,
Aux champs Apulliens fe faire une patrie ;
Et n'ayant pour tout droit que celui des combats,
Chaffer les poffeffeurs, & fonder des Etats.
Grecs, Arabes, Français, Germains, tout nous dévore ;
Et nos champs malheureux par leur fécondité,
Appellent l'avarice & la capacité
Des brigands du Midi, du Nord & de l'Aurore.
Nous devons nous défendre enfemble & nous venger.
J'ai vû plus d'une fois Syracufe trahie ;
Maintenons notre loi, que rien ne doit changer :
Elle condamne à perdre & l'honneur & la vie,
Quiconque entretiendroit avec nos ennemis
Un commerce fecret, fatal à fon pays.
A l'infidélité l'indulgence encourage.
On ne doit épargner ni le fexe, ni l'âge.

---

* Ce n'eft pas Tancrede de Hauteville, qui n'alla en Italie que quelque temps après

** Les premiers Normands qui pafferent dans la Pouille ; Drogon, Batteric & Repoftel.

Venife ne fonda fa fiere autorité,
Que fur la défiance & la féyérité.
Imitons fa fageffe, en perdant les coupables.

LORÉDAN.

Quelle honte en effet dans nos jours déplorables,
Que Solamir, un Maure, un Chef des Mufulmans,
Dans la Sicile encor ait tant de partifans!
Que partout dans cette Ifle, & guerriere & chrétienne,
Que même parmi nous Solamir entretienne
Des fujets corrompus vendus à fes bienfaits!
Tantôt chez les Céfars occupé de nous nuire,
Tantôt dans Syracufe ayant fçu s'introduire,
Nous préparant la guerre, & nous offrant la paix,
Et pour nous défunir foigneux de nous féduire!
Un fexe dangereux, dont les faibles efprits,
D'un Peuple encor plus faible attire les hommages,
Toujours des nouveautés & des Héros épris,
A ce Maure impofant prodigua fes fuffrages.
Combien de Citoyens aujourd'hui prévenus,
Pour ces arts féduifans *, que l'Arabe cultive!
Arts trop pernicieux, dont l'éclat les captive;
A nos vrais Chevaliers, noblement inconnus.
Que notre art foit de vaincre, & je n'en veux point d'autre,
J'efpere en ma valeur, j'attends tout de la vôtre,
Et j'approuve furtout cette févérité
Vangereffe des loix & de la liberté.
Pour détruire l'Efpagne, il a fuffi d'un traître **,
Il en fut parmi nous. Chaque jour en voit naître.

---

* En ce temps les Arabes cultivaient feuls les fciences en Occident,
& ce font eux qui fonderent l'Ecole de Salerne.
** Le Comte Julien, ou l'Archevêque Opas.

Mettons un frein terrible à l'infidélité,
Au salut de l'Etat que toute pitié céde ;
Combattons Solamir, & proscrivons Tancrede.
Tancrede né d'un sang, parmi nous détesté,
Est plus à craindre encor pour notre liberté.
Dans ce dernier Conseil un décret juste & sage,
Dans les mains d'Orbassan remit son héritage,
Pour confondre à jamais nos ennemis cachés,
A ce nom de Tancrede en secret attachés ;
Du vaillant Orbassan, c'est le juste partage,
Sa dot, sa récompense.

C A T A N E.

Oui, nous y souscrivons ;
Que Tancrede, s'il veut, soit puissant à Bysance,
Qu'une Cour odieuse honore sa vaillance ;
Il n'a rien à prétendre aux lieux où nous vivons.
Tancrede, en se donnant un maître despotique,
A renoncé lui-même à nos sacrés remparts ;
Plus de retour pour lui ; l'Esclave des Césars
Ne doit rien posséder dans une République.
Orbassan de nos loix est le plus ferme appui,
Et l'Etat qu'il soutient ne pouvait moins pour lui.
Tel est mon sentiment.

A R G I R E.

Je vois en lui mon gendre ;
Ma fille m'est bien chere, il est vrai ; mais enfin,
Je n'aurais point pour eux dépouillé l'orphelin.
Vous sçavez qu'à regret on m'y vit condescendre.

L O R É D A N.

Blâmez-vous le Sénat ?

ARGIRE.
Non : je hais la rigueur ;
Mais toujours à la loi je fus prêt à me rendre,
Et l'intérêt commun l'emporta dans mon cœur.

ORBASSAN.
Ces biens sont à l'Etat, l'Etat seul doit les prendre ;
Je n'ai point recherché cette faible faveur.

ARGIRE.
N'en parlons plus ; hâtons cet heureux hymenée :
Qu'il amene demain la brillante journée,
Où ce Chef arrogant d'un Peuple destructeur,
Solamir, à la fin, doit connaître un vainqueur.
Votre rival en tout, il osa bien prétendre,
En nous offrant la paix, à devenir mon gendre *
Il pensait m'honorer par cet hymen fatal.
Allez, dans tous les temps triomphez d'un rival.
Mes amis, soyons prêts ; ma foiblesse & mon âge
Ne me permettent plus l'honneur de commander,
A mon gendre Orbassan vous daignez l'accorder.
Vous suivre est, pour mes ans un assez beau partage,
Je serai près de vous, j'aurai cet avantage ;
Je sentirai mon cœur encor se ranimer,
Mes yeux seront témoins de votre fier courage,
Et vous auront vû vaincre avant de se fermer.

LOREDAN.
Nous combattrons sous vous, Seigneur ; nous osons croire
Que ce jour, quel qu'il soit, nous sera glorieux :
Nous nous promettons tous l'honneur de la victoire,
Ou l'honneur consolant de mourir à vos yeux.
(Les Chevaliers sortent.)

____

* Il étoit alors très-commun de marier les Chrétiennes à des Musulmans. Abdalise, le fils de Musa, Conquérant de l'Espagne, épousa
la fille du Roi Rodrigue. Cet exemple fut imité dans tous les pays où les
Arabes porterent leurs armes victorieuses.

* B iij

SCENE II.

ARGIRE, ORBASSAN.

ARGIRE.

EH ! bien, brave Orbassan, suis-je enfin votre pere ?
Tous vos ressentimens sont-ils bien effacés ?
Pourrai-je en vous d'un fils trouver le caractere ?
Dois-je compter sur vous ?

ORBASSAN.

                              Je vous l'ai dit assez.
J'aime l'Etat, Argire ; il nous réconcilie.
Cet hymen nous rapproche , & la raison nous lie ;
Mais le nœud qui nous joint n'eût point été formé,
Si, dans notre querelle, à jamais assoupie!,
Mon cœur qui vous hait, ne vous eût estimé.
L'amour peut avoir part à ma nouvelle chaîne ;
Mais un si noble hymen ne sera point le fruit
D'un feu né d'un instant, qu'un autre instant détruit.
Que suit l'indifférence, & trop souvent la haine.
Ce cœur que la patrie appelle aux champs de Mars ,
Ne sçait point soupirer au milieu des hasards.
Mon hymen a pour but l'honneur de vous complaire.
Notre union naissante , à tous deux nécessaire ,
La splendeur de l'Etat, votre intérêt, le mien
Devant de tels objets l'amour a peu de charmes.
Il pourra resserrer un si noble lien ;
Mais sa voix doit ici se taire au bruit des armes.

ARGIRE.

J'estime en un Soldat cette mâle fierté;
Mais la franchise plaît, & non l'austérité:
J'espere que bientôt ma chere Aménaïde
Pourra fléchir en vous ce courage rigide.
C'est peu d'être un guerrier; la modeste douceur
Donne un prix aux vertus, & sied à la valeur:
Vous sentez que ma fille, au sortir de l'enfance,
Dans nos temps orageux de trouble & de malheur,
Par sa mere élevée à la Cour de Bysance,
Pourrait s'effaroucher de ce sévere accueil,
Qui tient de la rudesse, & ressemble à l'orgueil.
Pardonnez aux avis d'un vieillard & d'un pere.

ORBASSAN.

Vous même pardonnez à mon humeur sévere.
Elevé dans nos camps, je préférai toujours
A ce mérite faux des politesses vaines,
A cet art de flatter, à cet esprit des Cours,
La grossiere vertu des mœurs républicaines.
Mais je sçais respecter la naissance & le rang
D'un estimable objet formé de votre sang.
Je prétends par mes soins mériter qu'elle m'aime,
Vous regarder en elle, & m'honorer moi-même.

ARGIRE.

Par mon ordre en ces lieux elle avance vers vous.

SCENE III.

ARGIRE, ORBASSAN, AMÉNAIDE.

ARGIRE.

Le bien de cet Etat, les voix de Syracufe,
Votre pere, le ciel, vous donnent un époux ;
Leurs ordres réunis ne fouffrent point d'excufe,
Ce noble Chevalier, qui fe rejoint à moi,
Aujourd'hui, par ma bouche, a reçu votre foi.
Vous connaiffez fon nom, fon rang, fa renommée.
Puiffant dans Syracufe, il commande l'armée.
Tous les droits de Tancrede entre fes mains remis.

AMÉNAIDE, *à part.*

De Tancrede !

ARGIRE.

A mes yeux font le moins digne prix ;
Qui releve l'éclat d'une telle alliance.

ORBASSAN.

Elle m'honore affez, Seigneur ; & fa préfence
Rend plus cher à mon cœur le don que je reçois ;
Puiffé-je, en méritant vos bontés & fon choix,
Du bonheur de tous trois confirmer l'efpérance !

AMÉNAIDE.

Mon pere, en tous les temps, je fçais que votre cœur
Sentit tous mes chagrins, & voulut mon bonheur.
Votre choix me deftine un Héros en partage ;
Et quand ces longs débats qui troublerent vos jours,
Grace à votre fageffe, ont terminé leur cours,

Du nœud qui vous rejoint votre fille est le gage;
D'une telle union je conçois l'avantage.
Orbassan permettra que ce cœur étonné,
Qu'opprima dès l'enfance un sort toujours contraire,
Par ce changement même au trouble abandonné,
Se recueille un moment dans le sein de son pere.

ORBASSAN.

Vous le devez, Madame; & loin de m'opposer
A de tels sentimens, dignes de mon estime,
Loin de vous détourner d'un soin si légitime,
Des droits que j'ai sur vous je craindrais d'abuser.
J'ai quitté nos guerriers, je revole à leur tête;
C'est peu d'un tel hymen, il le faut mériter,
La victoire en rend digne, & j'ose me flatter
Que bientôt des lauriers en orneront la fête.

SCENE IV.

ARGIRE, AMÉNAIDE.

ARGIRE.

Vous semblez interdite; & vos yeux pleins d'effroi,
De larmes obscurcis, se détournent de moi.
Vos soupirs étouffés semblent me faire injure;
La bouche obéit mal, lorsque le cœur murmure.

AMÉNAIDE.

Seigneur, je l'avouerai, je ne m'attendais pas,
Qu'après tant de malheurs, & de si longs débats,
Le Parti d'Orbassan dût être un jour le vôtre,
Que mes tremblantes mains uniraient l'un & l'autre.

Et que votre ennemi dût paſſer dans mes bras :
Je n'oublierai jamais que la guerre civile.
Dans vos propres foyers vous priva d'un aſyle ;
Que ma mere à regret évitant le danger,
Chercha loin de nos murs un rivage étranger ;
Que des bras paternels avec elle arrachée
A ſes triſtes deſtins dans Byſance attachée,
J'ai partagé long-temps les maux qu'elle a ſoufferts.
Au ſortir du berceau j'ai connu les revers.
J'appris ſous une mere abandonnée, errante,
A ſupporter l'exil, & le ſort des proſcrits :
L'accueil impérieux d'une Cour arrogante,
Et la fauſſe pitié, pire que le mépris.
Dans un ſort avili, noblement élevée,
De ma mere bientôt cruellement privée,
Je me vis ſeule au monde en proie à mon effroi,
Roſeau faible & tremblant, n'ayant d'appui que moi.
Votre deſtin changea. Syracuſe en allarmes
Vous remit dans vos biens, vous rendit vos honneurs,
Se repoſa ſur vous du deſtin de ſes armes,
Et de ſes murs ſanglans repouſſa ſes vainqueurs.
    Dans le ſein paternel je me vis rappellée ;
Un malheur inoui m'en avait exilée.
Peut-être j'y reviens pour un malheur nouveau.
Vos mains de mon hymen allument le flambeau.
Je ſçais quel intérêt, quel eſpoir vous anime ;
Mais de vos ennemis je me vis la victime ;
Je ſuis enfin la vôtre ; & ce jour dangereux,
Peut-être de nos jours ſera le plus affreux.

ARGIRE.

Il ſera fortuné, c'eſt à vous de m'en croire ;
Je vous aime, ma fille, & j'aime votre gloire.

Je dois venger l'affront que nous fait Solamir;
Quand, pour prix de la paix qu'il venait nous offrir,
Il m'osa proposer de l'accepter pour gendre.
Je vous donne au Héros qui marche contre lui,
Au plus grand des guerriers armés pour nous défendre,
Autrefois mon Emule, à présent notre appui.

AMÉNAIDE.

Quel appui! Vous vantez sa superbe fortune.
Mes vœux plus moderés la voudraient plus commune;
Je voudrais qu'un Héros si fier & si puissant
N'eût point, pour s'aggrandir, dépouillé l'innocent.

ARGIRE.

Du Conseil, il est vrai, la prudence sévere
Veut punir dans Tancrede une race étrangere;
Elle abusa long-tems de son autorité.
Elle a trop d'ennemis.

AMÉNAIDE.

   Seigneur, où je m'abuse,
Ou Tancrede est encor aimé dans Syracuse.

ARGIRE.

Nous rendons tous justice à son cœur indompté;
Sa valeur a, dit-on, subjugué l'Illyrie:
Mais plus il a servi sous l'aigle des Césars,
Moins il doit espérer de revoir sa patrie.
Il est par un décret chassé de nos remparts.

AMÉNAIDE.

Pour jamais! Lui, Tancrede!

ARGIRE.

   Oui, l'on craint sa présence
Et si vous l'avez vû dans les murs de Bysance,
Vous sçavez qu'il nous hait.

AMÉNAIDE.

Je ne le croyais pas.
Ma mere avait pensé qu'il pouvait être encore
L'appui de Syracuse, & le vainqueur du Maure.
Et lorsque dans ces lieux des Citoyens ingrats,
Pour ce fier Orbassan contre vous s'animerent,
Qu'ils ravirent vos biens, & qu'ils vous opprimerent,
Tancrede aurait pour vous affronté le trépas,
C'est tout ce que j'ai sçu.

ARGIRE.

C'est trop, Aménaïde.
Rendez-vous aux conseils d'un pere qui vous guide,
Conformez-vous au temps, conformez-vous aux lieux ;
Solamir & Tancrede, & la Cour de Bysance,
Sont tous également en horreur en ces lieux ;
Votre bonheur dépend de votre complaisance.
J'ai, pendant soixante ans, combattu pour l'Etat ;
Je le servis injuste, & le chéris ingrat :
Je dois penser ainsi jusqu'à ma derniere heure ;
Prenez mes sentimens ; & devant que je meure,
Consolez mes vieux ans, dont vous fûtes l'espoir.
Je suis prêt à finir une vie orageuse.
La vôtre doit couler sous les loix du devoir ;
Et je mourrai content, si vous vivez heureuse.

AMÉNAIDE.

Ah ! Seigneur, croyez-moi, parlez moins de bonheur,
Je ne regrette point la Cour d'un Empereur,
Je vous ai consacré mes sentimens, ma vie ;
Mais pour en disposer, attendez quelques jours ;
Au crédit d'Orbassan trop d'intérêt vous lie ;
Ce crédit si vanté doit-il durer toujours ?

Il peut tomber : tout change ; & ce Héros peut-être
S'est trop tôt déclaré votre gendre & mon maître.

ARGIRE.

Comment ? Que dites-vous ?

AMENAÏDE.

Cette témérité
Vous offense peut-être, & vous semble une injure,
Je sçais que dans les Cours mon sexe plus flatté,
Dans votre République a moins de liberté.
A Bysance on le sert ; ici la loi plus dure
Veut de l'obéissance, & défend le murmure.
Les Musulmans entiers, trop long-temps vos vainqueurs
Ont changé la Sicile, ont endurci vos mœurs.
Mais qui peut altérer vos bontés paternelles ?

ARGIRE.

Vous seule, vous ma fille, en abusant trop d'elles ;
De tout ce que j'entends mon esprit est confus :
Je permets vos délais, mais non pas vos refus.
Rien ne sçaurait plus rompre un nœud si légitime.
La parole est donnée, y manquer est un crime.
Vous me l'avez bien dit, je suis né malheureux :
Jamais aucun succès n'a couronné mes vœux ;
Tous les jours de ma vie ont été des orages ;
Dieu puissant ! détournez ces malheureux présages,
Et puisse Aménaïde, en formant ces liens,
S préparer des jours moins tristes que les miens !

SCENE. V.

AMENAIDE *seule.*

Tancrede, cher Amant ! moi j'aurais la faibleſſe
De trahir mes ſermens pour ton perſécuteur !
Plus cruelle que lui ; perfide avec baſſeſſe,
Partageant ta dépouille avec cet oppreſſeur,
Je pourrais . . . .

SCENE VI.

AMENAIDE, FANIE.

Viens, approche, ô ma chere Fanie,
Vois le trait déteſté qui m'attache la vie :
Orbaſſan, par mon pere, eſt nommé mon époux !

FANIE.

Je ſens combien cet ordre eſt douloureux pour vous,
J'ai vû vos ſentimens, j'en ai connu la force.
Le ſort n'eut point de traits, la Cour n'eut point d'amorce
Qui puſſent arrêter ou détourner vos pas,
Quand la route par vous fut une fois choiſie.
Votre cœur s'eſt donné, c'eſt pour toute la vie.
Tancrede & Solamir touchés de vos appas,
Dans la Cour des Céſars en ſecret ſoupirerent :
Mais celui que vos yeux juſtement diſtinguerent,
Pour qui penchaient vos vœux, qui les ſçut mériter,
En ſera toujours digne ; & puiſque dans Byſance
Sur le fier Solamir il eut la préférence,

Orbaſſan dans ces lieux ne pourra l'emporter;
Votre ame eſt trop conſtante.

AMÉNAIDE.

Ah! tu n'en peux douter;
On dépouille Tancrede, on l'exile, on l'outrage.
C'eſt le ſort d'un Héros d'être perſécuté;
Je ſens que c'eſt le mien de l'aimer d'avantage.
Ecoute: dans ces murs Tancrede eſt regretté,
Le Peuple le chérit.....

FANIE.

Banni dans ſon enfance,
De ſon pere oublié les faſtueux amis
Ont bientôt à ſon ſort abandonné le fils.
Peu de cœurs comme vous tiennent contre l'abſence,
A leurs ſeuls intéréts les Grands ſont attachés;
Le Peuple eſt plus ſenſible.

AMÉNAIDE.

Il eſt auſſi plus juſte.

FANIE.

Mais il eſt aſſervi; nos amis ſont cachés:
Aucun n'oſe parler pour ce proſcrit auguſte.
Un Sénat tyrannique eſt ici tout puiſſant.

AMÉNAIDE.

Oui, je ſçais qu'il peut tout, quand Tancrede eſt abſent.

FANIE.

S'il pouvait ſe montrer, j'eſpérerais encore;
Mais il eſt loin de vous.

AMÉNAIDE.

(*A Fanie.*) Juſte ciel, je t'implore!
Je me confie à toi; Tancrede n'eſt pas loin,
Et quand de l'écarter on prend l'indigne ſoin,

Lorfque la tyrannie au comble eft parvenue;
Il eft temps qu'il paraiffe, & qu'on tremble à fa vûe;
Tancrede eft dans Meffine....

F A N I E.

Eft-il vrai? Juftes cieux!
Et cet indigne hymen eft formé fous fes yeux!

A M É N A I D E.

Il ne le fera pas, non, Fanie; & peut-être,
Mes oppreffeurs & moi nous n'aurons plus qu'un maître,
Viens, je t'apprendrai tout; mais il faut tout ofer,
Le joug eft trop honteux, ma main doit le brifer.
Le feul nom de Tancrede enhardit ma faibleffe,
Le trahir eft un crime : obéir eft baffeffe.
S'il vient, c'eft pour moi feule, & je l'ai mérité,
Et moi timide Efclave à fon tyran promife,
Victime malheureufe indignement foumife,
Je mettrais mon devoir dans l'infidélité!
Non, l'amour à mon fexe infpire le courage.
C'eft à moi de hâter ce fortuné retour;
Et s'il eft des dangers que ma crainte envifage,
Ces dangers me font chers, ils naiffent de l'amour.

Fin du premier Acte.

ACTE II.

ACTE II.

SCENE PREMIERE.

A M É N A I D E *seule.*

Où porté-je mes pas? D'où vient que je frissonne?
Moi, des remords! Qui! moi? Le crime seul les donne;
Ma cause est juste, ô cieux! Protégez mes desseins!
Allons, rassurons-nous.   (*A Fanie qui entre.*)
          Suis-je en tout obéie?

F A N I E.

Votre Esclave est parti, la lettre est dans ses mains.

A M É N A I D E.

Il est maître, il est vrai, du secret de ma vie;
Mais je connais son zéle; il m'a toujours servie:
On doit tout quelquefois aux derniers des humains.
Né d'ayeux Musulmans chez les Syracusains,
Instruit dans les deux loix, & dans les deux langages,
Du camp des Sarrasins il connaît les passages,
Et des monts de l'Etna les plus secrets chemins;
C'est lui par qui le ciel veut changer mes destins,
C'est lui qui découvrit dans une course utile,
Que Tancrede en secret a revû la Sicile:
Mais craignant de lui nuire en cherchant à le voir,
Il crut que m'avertir était son seul devoir.
Ma lettre par ses soins remise aux mains d'un Maure,
Dans Messine demain doit être avant l'aurore.

C

Des Maures & des Grecs les befoins mutuels
Ont toujours confervé dans cette longue guerre
Une correfpondance à tous deux néceffaire ;
Tant la Nature unit les malheureux mortels !

FANIE.

Ce pas eft dangereux ; mais le nom de Tancrede,
Ce nom fi redoutable, à qui tout autre cede,
Et qu'ici nos Tyrans ont toujours en horreur,
Ce beau nom que l'amour grava dans votre cœur,
N'eft point dans cette lettre à Tancrede adreffée.
Si vous l'avez toujours préfent à la penfée,
Vous avez fçu du moins le taire en écrivant.
Au camp des Sarrafins votre lettre portée,
Vainement ferait lûe, ou ferait arrêtée :
Enfin, jamais l'amour ne fut moins imprudent ;
Ne fçut mieux fe voiler dans l'ombre du myftere,
Et ne fut plus hardi, fans être téméraire.
Je ne puis cependant vous cacher mon effroi.

AMÉNAIDE.

Le ciel jufqu'à préfent femble veiller fur moi ;
Il ramene Tancrede, & tu veux que je tremble ?

FANIE.

Hélas ! qu'en d'autres lieux fa bonté vous raffemble !
La haine & l'intérêt s'arment trop contre lui.
Tout fon Parti fe tait ; qui fera fon appui ?

AMÉNAIDE.

Sa gloire. Qu'il fe montre, il deviendra le maître.
Un Héros qu'on opprime attendrit tous les cœurs.
Il les anime tous quand il vient à paraître.

FANIE.

Son rival eft à craindre.

AMÉNAIDE.

Ah ! combats ces terreurs,
Et ne m'en donne point. Souviens-toi que ma mere
Nous unit l'un & l'autre à ses derniers momens,
Que Tancrede est à moi ; qu'aucune loi contraire
Ne peut rien sur nos vœux & sur nos sentimens.
Hélas ! nous regrettions cette Isle si funeste
Dans le sein de la gloire & des murs des Césars,
Vers ces champs trop aimés, qu'aujourd'hui je déteste,
Nous tournions tristement nos avides regards.
J'étais loin de penser que le sort qui m'obséde
Me gardât pour époux l'oppresseur de Tancrede,
Et que j'aurais pour dot l'exécrable présent,
Des biens qu'un ravisseur enlevé à mon Amant.
Il faut l'instruire au moins d'une telle injustice ;
Qu'il apprenne de moi sa perte & mon supplice.
Qu'il hâte son retour & défende ses droits ;
Pour venger un Héros, je fais ce que je dois.
Ah ! si je le pouvais j'en ferais davantage ;
J'aime, je crains un pere, & respecte son âge :
Mais je voudrais armer nos Peuples soulevés
Contre cet Orbassan qui nous a captivés.
D'un brave Chevalier sa conduite est indigne ;
Intéressé, cruel, il prétend à l'honneur !
Il croit d'un Peuple libre être le protecteur !
Il ordonne ma honte, & mon pere la signe !
Et je dois la subir, & je dois me livrer
Au Maître impérieux qui pense m'honorer !
Hélas ! dans Syracuse on hait la tyrannie ;
Mais la plus exécrable & la plus impunie

Cij

Eſt celle qui commande & la haine, & l'amour,
Et qui veut nous forcer de changer en un jour.
Le ſort en eſt jetté.

FANIE.

Vous aviez paru craindre.

AMÉNAIDE.

Je ne crains plus.

FANIE.

On dit qu'un arrêt redouté
Contre Tancrede même eſt aujourd'hui porté,
Il y va de la vie à qui le veut enfreindre.

AMÉNAIDE.

Je le ſçais, mon eſprit en fut épouvanté ;
Mais l'amour eſt bien faible, alors qu'il eſt timide.
J'adore, tu le ſçais, un Héros intrépide,
Comme lui je dois l'être.

FANIE.

Une loi de rigueur
Contre vous, après tout, ſerait-elle écoutée ?
Pour effrayer le Peuple, elle paraît dictée.

AMÉNAIDE.

Elle attaque Tancrede ; elle me fait horreur ;
Que cette loi jalouſe eſt digne de nos maîtres !
Ce n'était point ainſi que ſes braves ancêtres,
Ces généreux Français, ces illuſtres vainqueurs
Subjuguaient l'Italie, & conquéraient des cœurs :
On aimait leur franchiſe, on redoutait leurs armes,
Les ſoupçons n'entraient point dans leurs eſprits altiers,
L'honneur avait uni tous ces grands Chevaliers,
Chez les ſeuls ennemis ils portaient les allarmes.

Et le Peuple amoureux de leur autorité,
Combattait pour leur gloire & pour fa liberté.
Ils abaiffaient les Grecs, ils triomphaient du Maure.
Aujourd'hui je ne vois qu'un Sénat ombrageux,
Toujours en défiance, & toujours orageux,
Qui lui-même fe craint, & que le Peuple abhorre:
Je ne fçais fi mon cœur eft trop plein de fes feux,
Trop de prévention, peut-être me poffede;
Mais je ne puis fouffrir ce qui n'eft pas Tancrede;
La foule des humains n'exifte point pour moi;
Son nom feul en ces lieux diffipe mon effroi,
Et tous fes ennemis irritent ma colere.

———————————————

S C E N E II.

ARGIRE, *les* CHEVALIERS *au fond du Théâtre,*
AMÉNAIDE, FANIE, *fur le devant.*

A R G I R E, *à Aménaide.*

ÉLOIGNEZ-VOUS, fortez.

AMÉNAIDE.

Qu'entends-je! Vous! mon pere?

A R G I R E.

Vous n'êtes plus ma fille, ôtez-vous de ces lieux;
Rougiffez & tremblez de vos fureurs fecrettes,
Vous hâtez mon trépas, perfide que vous êtes:
Allez, une autre main fçaura fermer mes yeux.

AMÉNAIDE.

Ou fuis-je? ô jufte ciel! Quel eft ce coup de foudre!
Soutiens-moi.   (*Fanie l'aide à fortir.*)

C iij

SCENE III.
ARGIRE, LES CHEVALIERS.

ARGIRE.

Mes amis, c'eſt à vous de réſoudre
Quel parti l'on doit prendre après ce crime affreux,
De l'Etat & de vous, je ſens qu'elle eſt l'injure,
Je dois tout à la loi, mais tout à la Nature,
Vous n'exigerez point qu'un pere malheureux,
A vos ſéveres voix mêlé ſa voix tremblante ;
Aménaïde, hélas ! ne peut être innocente :
Mais ſigner à la fois mon opprobre & ſa mort,
Vous ne le voulez pas, c'eſt un barbare effort,
La Nature en frémit, & j'en ſuis incapable.

LORÉDAN.

Nous plaignons tous, Seigneur, un pere reſpectable ;
Nous ſentons ſa bleſſure, & craignons de l'aigrir.
Mais vous-même avez vû cette lettre coupable,
L'Eſclave la portait au camp de Solamir.
Auprès de ce camp même on a ſurpris le traître,
Plutôt que de ſe rendre il a voulu mourir.
Ses odieux deſſeins n'ont que trop ſçu paraître :
L'Etat était perdu ; nos dangers, nos ſerments
Ne ſouffrent point de nous de vains ménagemens,
Les loix n'écoutent point la pitié paternelle ;
L'Etat parle, il ſuffit.

ARGIRE.
Seigneur, je vous entends,

Je fçais ce qu'on prépare à cette criminelle.
Mais elle était ma fille, & voilà fon époux :
Je céde à ma douleur, je m'abandonne à vous ;
Il ne me refte plus qu'à mourir avant elle.

(*Il fort.*)

SCENE IV.

LES CHEVALIERS.

CATANE.

Déja de la faifir l'ordre eft donné par nous ;
Sans doute il eft affreux de voir tant de nobleffe,
Les graces, les attraits, la plus tendre jeuneffe,
L'efpoir de deux maifons, le deftin le plus beau,
Avec tant d'infamie enfermés au tombeau.
Telle eft dans nos Etats la loi de l'hymenée,
Et la Religion lâchement prophanée,
Et la patrie enfin que nous devons venger.
L'infidéle en nos murs appelle l'Etranger.
La Grece, & la Sicile ont vû des Citoyennes
Renonçant à leur gloire, au titre de Chrétiennes
Abandonner nos loix pour ces fiers Mufulmans,
Vainqueurs de tous côtés, & partout nos tyrans :
Mais que d'un Chevalier la fille refpectée,

(*A Orbaffan.*)

Sur le point d'être à vous, & marchant à l'autel,
Exécute un complot fi lâche & fi cruel !
De ce crime nouveau Syracufe infectée
Veut de notre juftice un exemple éternel.

LORÉDAN.

Je l'avoue en tremblant : sa mort est légitime ;
Plus sa race est illustre, & plus grand est le crime :
On sçait de Solamir l'espoir ambitieux ;
On connaît ses desseins, son amour téméraire ;
Ce malheureux talent de tromper & de plaire,
D'imposer aux esprits, & d'éblouir les yeux.
C'est à lui que s'adresse un écrit si funeste,
Regner dans nos Etats. Ces mots trop odieux
Nous révelent assez un complot manifeste.
Pour l'honneur d'Orbassan je supprime le reste ;
Il nous ferait rougir. Quel est le Chevalier
Qui daignera jamais, suivant l'antique usage,
Pour ce coupable objet signaler son courage,
Et hasarder sa gloire à la justifier ?

CATANE.

Orbassan, comme vous, nous sentons votre injure ;
Nous allons l'effacer au milieu des combats.
Le crime rompt l'hymen, oubliez la parjure,
Son supplice vous venge, & ne vous flétrit pas.

ORBASSAN.

Il me consterne, au moins : on approche, c'est elle ;
Qu'au séjour des forfaits conduisent des Soldats.
Cette honte m'indigne autant qu'elle m'offense ;
Laissez-moi lui parler.

SCENE V.

LES CHEVALIERS, *sur le devant*, AMÉNAIDE
dans le fond, entourée de Gardes.

AMÉNAIDE, *dans le fond.*

O céleste Puissance,
Ne m'abandonnez point dans ces momens affreux.
Grand Dieu! Vous connaissez l'objet de tous mes vœux;
Vous connaissez mon cœur, est-il donc si coupable?

CATANE.

Vous voulez voir encor cet objet condamnable?

ORBASSAN.

Oui, je le veux.

CATANE.

Sortons, parlez-lui; mais songez
Que les loix, les autels, l'honneur sont outragés,
Syracuse à regret exige une victime.

ORBASSAN.

Je le sçais comme vous, un même soin m'anime:
Eloignez-vous, Soldats.

SCENE VI.

AMÉNAIDE, ORBASSAN.

AMÉNAIDE.

QU'OSEZ-VOUS attenter?
A mes derniers momens venez-vous insulter?

ORBASSAN.

Ma fierté jufques-là ne peut être avilie.

Je vous donnais ma main, je vous avais choifie,

Peut-être l'amour même avait dicté ce choix.

Je ne fçais fi mon cœur s'en fouviendrait encore,

Ou s'il eft indigné d'avoir connu fes loix;

Mais il ne peut fouffrir ce qui le déshonore.

Je ne veux point penfer qu'Orbaflan foit trahi,

Pour un Chef étranger, pour un Chef ennemi,

Pour un de ces Tyrans que notre culte abhorre;

Ce crime eft trop indigne, il eft trop inouï,

Et pour vous, pour l'Etat, & furtout pour ma gloire,

Je veux fermer les yeux, & prétends ne rien croire.

Syracufe aujourd'hui voit en moi vôtre Epoux,

Ce titre me fuffit, je me refpecte en vous,

Ma gloire eft offenfée, & je prends fa défenfe.

Les loix des Chevaliers ordonnent ces combats,

Le jugement du ciel dépend de notre bras;

C'eft le glaive qui juge, & qui fait l'innocence.

Je fuis prêt.

AMÉNAIDE.

Vous?

ORBASSAN.

Moi feul, & j'ofe me flatter,

Qu'après cette démarche, après cette entreprife,

(Qu'aux yeux de tout guerrier mon honneur autorife,)

Un cœur qui m'était dû, me fçaura mériter.

Je n'examine point fi vôtre ame furprife,

Ou par mes ennemis, ou par un féducteur,

Un moment aveuglée, eut un moment d'erreur,

Si vôtre averfion fuyait mon hyménée.

Les bienfaits peuvent tout fur une ame bien née,

La vertu s'affermit par un remords heureux.
Je suis sûr, en un mot, de l'honneur de tous deux.
Mais ce n'est point assez : j'ai le droit de prétendre,
(Soit fierté, soit amour,) un sentiment plus tendre.
Les loix veulent ici des sermens solemneis,
J'en exige un de vous, non tel que la contrainte
En dicte à la faiblesse, en impose à la crainte,
Qu'en se trompant soi-même, on prodigue aux autels.
A ma franchise altiére il faut parler sans feinte.
Prononcez, mon cœur s'ouvre, & mon bras est armé,
Je peux mourir pour vous, mais je dois être aimé.

AMÉNAIDE.

Dans l'abîme effroyable où je suis descendue,
A peine avec horreur à moi-même rendue,
Cet effort généreux, que je n'attendais pas,
Porte le dernier coup à mon ame éperdue ;
Et me plonge au tombeau qui s'ouvrait sous mes pas...
Vous me forcez, Seigneur, à la reconnaissance,
Et tout près du sépulcre, où l'on va m'enfermer,
Mon dernier sentiment est de vous estimer.
Connaissez-moi : sçachez que mon cœur vous offense ;
Mais je n'ai point trahi ma gloire & mon pays.
Je ne vous trahis point ; je n'avais rien promis.
Mon ame envers la vôtre est assez criminelle,
Sçachez qu'elle est ingrate, & non pas infidele.
Je ne peux vous aimer, je ne peux, à ce prix,
Accepter un combat pour ma cause entrepris.
Je sçais de vôtre loi la dureté barbare,
Celle de mes Tyrans, la mort qu'on me prépare.
Je ne me vante point du fastueux effort,
De voir, sans m'allarmer, les apprêts de ma mort.

Je regrette la vie, elle dût m'être chere,
Je pleure mon deftin, je gémis fur mon pere;
Mais, malgré ma faiblefle, & malgré mon effroi,
Je ne peux vous tromper, n'attendez rien de moi.
Je vous parais coupable, après un tel outrage;
Mais ce cœur, croyez-moi, le ferait davantage,
Si, jufqu'à vous complaire, il pouvait s'oublier.
Je ne veux, (pardonnez à ce trifte langage,)
De vous, pour mon Epoux, ni pour mon Chevalier:
Puniffez ma franchife, & vengez votre offenfe.

ORBASSAN.

Je me borne, Madame, à venger mon pays,
A dédaigner l'audace, à braver le mépris,
A l'oublier. Mon bras prenait votre défenfe;
Mais quitte envers ma gloire, auffi bien qu'envers vous,
Je ne fuis plus qu'un Juge à fon devoir fidele,
Soumis à la loi feule, infenfible comme elle,
Et qui ne doit fentir ni regrets, ni courroux.
Sans daigner pénétrer au fond de ce myftere,
Je veux à vos dedains oppofer mes mépris;
A votre aveuglement vous laiffer, fans colere;
Marcher à Solamir, & venger mon pays.

SCENE VII.

AMÉNAIDE, *Soldats dans l'enfoncement.*

IL me faut donc mourir & dans l'ignominie.
On croit qu'à Solamir mon cœur fe facrifie!
O toi feul des humains qui méritas ma foi,
Seul objet de mes pleurs, objet de leur envie,

Je meurs en criminelle. Oui, je le suis pour toi,
Je le veux, je dois l'être. Eh ! quoi cette infamie,
Ces apprêts, ces bourreaux, puis-je les soutenir ?
Mort honteuse ! A ton nom tout mon courage céde.
Non, il n'est point de honte en mourant pour Tancrede.
On peut m'ôter le jour, & non pas me punir.
Quoi ! je parais trahir mon pere & ma patrie !
Je les servais tous deux, & tous deux m'ont flétrie !
Et je n'aurai pour moi dans ce moment d'horreur
Que mon seul témoignage, & la voix de mon cœur !

    (*A. Fanie qui entre.*)

Quels moments pour Tancrede ! Ah ! ma chere Fanie !
La douceur de te voir ne m'est donc point ravie ?

    F A N I E, *en lui baisant la main.*

Que ne puis-je avant vous expirer en ces lieux !

    A M É N A I D E.

Ah ! je vois avancer ces monstres odieux….
Porte un jour au Héros, pour qui je perds la vie,
Mes derniers sentiments, & mes derniers adieux.
Peut-être il vengera son Amante fidele.
Enfin, je meurs pour lui ; ma mort est moins cruelle.

    Fin du second Acte.

ACTE III.

SCENE PREMIERE.

TANCREDE, *suivi de deux Ecuyers qui portent sa lance, son écu, &c.* ALDAMON, *Soldat.*

TANCREDE.

A Tous les cœurs bien nés, que la patrie est chere !
Qu'avec ravissement, je revois ce séjour !..
Cher & brave Aldamon, digne ami de mon pere ;
C'est toi dont l'heureux zéle a servi mon retour.
Que Tancrede est heureux ! Que ce jour m'est prospere !
Tout mon sort est changé ! Cher ami, je te dois
Plus que je n'ose dire, & plus que tu ne crois.

ALDAMON.

Seigneur, c'est trop vanter mes services vulgaires,
Et c'est trop relever un sort tel que le mien ;
Je ne suis qu'un Soldat, un simple Citoyen ;...

TANCREDE.

Je le suis comme vous : les Citoyens sont freres.

ALDAMON.

Deux ans dans l'Orient, sous vous j'ai combattu ;
Je vous vis effacer l'éclat de vos Ancêtres,
J'admirai d'assez près votre haute vertu :
Voilà mon seul mérite. Elevé par mes maîtres,

Acte 3.me
J. E. Alin.
P. F. Tardieu Sculp.

Né dans votre maison , je vous suis asservi ;
Je dois...

TANCREDE.

Vous ne devez être que mon ami.
Voilà donc ces remparts que je voulais défendre !
Ces murs toujours sacrés pour le cœur le plus tendre ;
Ces murs qui m'ont vu naître, & dont je suis banni,
Apprends moi dans quel lieu respire Amenaïde.

ALDAMON.

Dans ce palais antique où son pere réside ;
Cette place y conduit ; plus loin vous contemplez
Ce tribunal auguste, où l'on voit assemblés
Ces vaillans Chevaliers, ce Sénat intrépide ,
Qui font les loix du peuple & combattent pour lui ,
Et qui vaincraient toujours le Musulman perfide,
S'ils ne s'étaient privés de leur plus grand appui.
Voilà leurs boucliers , leurs chiffres, leurs devises,
Dont la pompe guerriere annonce aux Nations
La splendeur de leurs faits, leurs nobles entreprises ;
Votre nom seul ici manquait à ces grands noms.

TANCREDE.

Que ce nom soit caché , puisqu'on le persécute,
Peut-être en d'autres lieux il est célebre assez.

(*A ses Ecuyers.*)

Vous , qu'on suspende ici mes chiffres effacés,
Aux fureurs des Partis qu'ils ne soient plus en bute ;
Que mes armes sans faste , emblême des douleurs,
Telles que je les porte au milieu des batailles ,
Ce simple bouclier, ce casque sans couleurs
Soient attachés sans pompe à ces tristes murailles.

(Les Ecuyers suspendent ses armes aux places vuides, au milieu des autres trophées.)
Conservez ma devise, elle est chere à mon cœur,
Elle a dans mes combats soutenu ma vaillance,
Elle a conduit mes pas & fait mon espérance ;
Les mots en sont sacrés, c'est *l'amour & l'honneur.*
Lorsque les Chevaliers descendront dans la place,
Vous direz qu'un guerrier qui veut être inconnu,
Pour les suivre aux combats dans leurs murs est venu ;
Et qu'à les imiter il borne son audace.

(*A Aldamon.*)
Quel est leur chef, ami ?

ALDAMON.

Ce fut, depuis trois ans ;
Comme vous l'avez sçu, le respectable Argire.

TANCREDE *à part.*

Pere d'Amenaïde.

ALDAMON.

On le vit trop long-tems
Succomber au Parti dont nous craignons l'empire.
Il reprit à la fin sa juste autorité,
On respecte son sang, son nom, sa probité ;
Mais l'âge l'affaiblit. Orbassan lui succede.

TANCREDE.

Orbassan ! L'ennemi, l'oppresseur de Tancrede !
Ami, quel est le bruit répandu dans ces lieux ;
Ah ! parle, est-il bien vrai que cet audacieux,
D'un pere trop facile ait surpris la faiblesse ?
Que de son alliance il ait eu la promesse,
Que sur Amenaïde il ait levé les yeux ;

Qu'il

Qu'il ait ofé prétendre à s'unir avec elle?
ALDAMON.
Hier, confufément, j'en appris la nouvelle.
Pour moi loin de la ville, établi dans ce fort,
Où je vous ai reçu, grace à mon heureux fort ;
A mon pofte attaché, j'avouerai que j'ignore :
Ce qu'on a fait depuis dans ces murs que j'abhorre,
On vous y perfécute, ils font affreux pour moi.
TANCREDE.
Cher ami, tout mon cœur s'abandonne à ta foi ;
Cours chez Amenaïde, & parais devant elle,
Dis-lui qu'un inconnu, brûlant du plus beau zéle,
Pour l'honneur de fon fang, pour fon augufte nom,
Pour les profpérités de fa noble maifon ;
Attaché dès l'enfance à fa mere, à fa race,
D'un entretien fecret lui demande la grace.
ALDAMON.
Seigneur dans fa maifon, j'eus toujours quelque accès ;
On y voit avec joie, on accueille, on honore
Tous ceux qu'à votre nom le zéle attache encore.
Plût au ciel qu'on eût vu le pur fang des Français,
Uni dans la Sicile au noble fang d'Argire !
Quelque foit le deffein, Seigneur, qui vous infpire,
Sans rien approfondir, je réponds du fuccès.

SCENE II.

TANCREDE. *Ses Ecuyers au fond.*

IL fera favorable : & ce ciel qui me guide,
Ce ciel qui me ramene aux pieds d'Amenaïde,
Et qui dans tous les tems accorda fa faveur
Au véritable amour, au véritable honneur ;
Ce ciel qui m'a conduit dans les tentes du Maure,
Parmi mes ennemis foutient ma caufe encore.
Amenaïde m'aime, & fon cœur me répond
Que le mien dans ces lieux ne peut craindre un affront.
Loin des camps des Céfars, & loin de l'Illyrie,
Je viens enfin pour elle au fein de ma patrie ;
De ma patrie ingrate, & qui dans mon malheur,
Après Amenaïde, eft fi chere à mon cœur !
J'arrive ; un autre ici l'obtiendroit de fon pere !
Et fa fille à ce point aurait pu me trahir !
Quel eft cet Orbaffan ? Quel eft ce téméraire ?
Quels font donc les exploits dont il doit s'applaudir ?
Qu'a-t-il fait de fi grand qui le puiffe enhardir
A demander un prix qu'on doit à la vaillance ?
Qui des plus grands héros ferait la récompenfe,
Qui m'appartient, du moins par les droits de l'amour ?
Avant de me l'ôter, il m'ôtera le jour.
Elle ferait fidele, après mon trépas même !
Oui, j'ofe m'en flatter : oui, c'eft ainfi qu'elle aime ;
C'eft ainfi que j'adore un cœur tel que le fien ;
Il eft inébranlable, il eft digne du mien,
Incapable d'effroi, de feinte & d'inconftance.

SCENE III.

TANCREDE, ALDAMON.

TANCREDE.

AH ! trop heureux ami , tu sors de sa présence.
Tu vois tous mes transports ; allons, conduis mes pas.

ALDAMON.

Vers ces funestes lieux , Seigneur , n'avancez pas.

TANCREDE.

Que me dis-tu ? Les pleurs inondent ton visage !

ALDAMON.

Ah ! Fuyez pour jamais ce malheureux rivage !
Après les attentats que ce jour a produits,
Je n'y puis demeurer , tout obscur que je suis.

TANCREDE.

Comment ?...

ALDAMON.

Portez ailleurs ce courage sublime ,
La gloire vous attend aux tentes des Cesars.
Elle n'est point pour vous dans ces affreux remparts ;
Fuyez , vous n'y verriez que la honte & le crime.

TANCREDE.

De quels traits inouis viens-tu percer mon cœur!
Qu'as-tu vu ? Que t'a dit ? Que fait Amenaïde ?

ALDAMON.

J'ai trop vu vos desseins , oubliez-la ; Seigneur.

TANCREDE.

Ciel ! Orbassan l'emporte ! Orbassan ! La perfide!
L'ennemi de son pere , & mon persécuteur !

Dij

ALDAMON.

Son père a, ce matin, signé cet hymenée,
Et la pompe fatale en était ordonnée...

TANCREDE.

Et je serais témoin de cet excès d'horreur!

ALDAMON.

Votre dépouille ici leur fut abandonnée,
Vos biens étaient sa dot. Un rival odieux,
Seigneur, vous enlevait le bien de vos ayeux.

TANCREDE.

Le lâche! Il m'enlevait ce qu'un héros méprise;
Amenaïde: O ciel! en ses mains est remise?
Elle est à lui?

ALDAMON.

Seigneur, ce sont les moindres coups,
Que le ciel irrité vient de lancer sur vous.

TANCREDE.

Acheve donc, cruel, de m'arracher la vie;
Acheve... parle... hélas!

ALDAMON.

Elle allait être unie
Au fier persécuteur de vos jours glorieux,
Le flambeau de l'hymen s'allumait en ces lieux,
Lorsqu'on a reconnu quelle est sa perfidie;
C'est peu d'avoir changé, d'avoir trompé vos vœux;
L'infidele, Seigneur, vous trahissait tous deux.

TANCREDE.

Pour qui?

ALDAMON.

Pour une main étrangere, ennemie,

Pour l'oppresseur altier de notre nation,
Pour Solamir.

TANCREDE.

O ciel! O trop funeste nom!
Solamir!…dans Bysance il soupira pour elle;
Mais il fut dédaigné, mais je fus son vainqueur;
Elle n'a pu trahir ses sermens & mon cœur;
Tant d'horreur n'entre point dans une ame si belle,
Elle en est incapable.

ALDAMON.

A regret j'ai parlé,
Mais ce secret horrible est par-tout révélé.

TANCREDE.

Ecoute: je connais l'envie & l'imposture;
Eh! Quel cœur vertueux échappe à leur injure!
Proscrit dès mon berceau, nourri dans le malheur,
Moi, toujours éprouvé, moi qui suis mon ouvrage,
Qui d'Etats en Etats ai porté mon courage,
Qui par tout de l'envie ai senti la fureur.
Depuis que je suis né, j'ai vu la calomnie
Exhaler les venins de sa bouche impunie,
Chez les Républicains, comme à la Cour des Rois.
Argire fut long-tems accusé par sa voix,
Il souffrit comme moi; cher ami, je m'abuse,
Ou ce monstre odieux regne dans Syracuse.
Ses serpents sont nourris de ces mortels poisons,
Que dans les cœurs trompés jettent les factions.
De l'esprit de parti, je sçais quelle est la rage:
L'auguste Amenaïde en éprouve l'outrage;
Entrons, je veux la voir, l'instruire & m'éclairer.

D iij

ALDAMON.

Ah! Seigneur, arrêtez, il faut donc tout vous dire :
On l'arrache des bras du malheureux Argire ;
Elle est aux fers.

TANCREDE.

Qu'entends-je !

ALDAMON.

Et l'on va la livrer
Dans cette place même au plus affreux supplice.

TANCREDE, (avec lamentation.)

Aménaïde !

ALDAMON,

Hélas ! si c'est une injustice,
Elle est bien odieuse, on ose en murmurer,
On pleure ; mais, Seigneur, on se borne à pleurer.

TANCREDE.

Aménaïde ! ô cieux ! .... crois-moi, ce sacrifice,
Cet horrible attentat ne s'achevera pas.

ALDAMON.

Le Peuple au tribunal précipite ses pas,
Il la plaint, il gémit en la nommant perfide,
Et d'un cruel spectacle indignement avide,
Turbulent, curieux avec compassion,
Il s'agite en tumulte autour de la prison,
Etrange empressement de voir des miserables !
On hâte en gémissant ces moments formidables.
Ces portiques, ces lieux que vous voyez déserts,
De nombreux citoyens seront bientôt couverts.
Eloignez-vous, venez.

TANCREDE.

Quel Vieillard vénérable

Sort d'un temple en tremblant, les yeux baignés de pleurs?
Ses suivants consternés imitent ses douleurs.

A L D A M O N.

C'est Argire, Seigneur, c'est ce malheureux pere. . . .

T A N C R E D E.

Retire-toi, surtout, ne me découvre pas.
Que je le plains !

S C E N E IV.

ARGIRE, *dans un des côtés de la Scène.*
TANCREDE, *sur le devant.* ALDAMON,
loin de lui dans l'enfoncement.

A R G I R E.

O CIEL ! avance mon trépas !
O mort ! viens me frapper, c'est ma seule priere !

T A N C R E D E.

Noble Argire, excusez un de ces Chevaliers,
Qui, contre le Croissant, déployant leur Banniere,
Dans de si saints combats vont chercher des lauriers.
Vous voyez le moins grand de ces dignes guerriers.
Je venais. . . . pardonnez, dans l'Etat où vous êtes,
Si je mêle à vos pleurs mes larmes indiscrettes.

A R G I R E.

Ah ! vous êtes le seul qui m'osiez consoler,
Tout le reste me fuit, ou cherche à m'accabler.
Vous même, pardonnez à mon désordre extrême,
A qui parlé-je ? hélas !

D iv

TANCREDE.

Je fuis un Etranger,
Plein de refpect pour vous, touché comme vous même.
Honteux, & frémiffant de vous interroger,
Malheureux comme vous. Ah ! par pitié, de grace,
Une feconde fois excufez tant d'audace.
Eft-il vrai ? vôtre fille ? Eft-il poffible ?

ARGIRE.

Hélas !
Il eft trop vrai, bientôt on la mene au trépas.

TANCREDE.

Elle eft coupable ?

ARGIRE, (avec des foupirs.)

Elle eft…. la honte de fon pere !

TANCREDE.

Vôtre fille !…. Seigneur, nourri loin de ces lieux,
Je penfais, fur le bruit de fon nom glorieux,
Que fi la vertu même habitait fur la terre,
Le cœur d'Aménaïde était fon fanctuaire.
Elle eft coupable ! ô jour ! ô deteftables bords !
Jours à jamais affreux !

ARGIRE.

Ce qui me défefpere,
Ce qui creufe ma tombe, & ce qui chez les morts
Avec plus d'amertûme encor me fait defcendre,
C'eft qu'elle aime fon crime, & qu'elle eft fans remords.
Auffi nul Chevalier ne cherche à la défendre.
Ils ont, en gémiffant, figné l'arrêt mortel,
Et malgré notre ufage antique & folemnel,
Si vanté dans l'Europe, & fi cher au courage,
De défendre en champ clos le fexe qu'on outrage,

Celle qui fut ma fille, à mes yeux va périr,
Sans trouver un guerrier qui l'ose secourir.
Ma douleur s'en accroît, ma honte s'en augmente;
Tout frémit, tout se tait. Aucun ne se présente.

TANCREDE.
Il s'en présentera : gardez-vous d'en douter.

ARGIRE.
De quel espoir, Seigneur, daignez-vous me flatter?

TANCREDE.
Il s'en présentera, non pas pour vôtre fille,
Elle est loin d'y prétendre & de le mériter;
Mais pour l'honneur sacré de sa noble famille,
Pour vous, pour vôtre gloire, & pour vôtre vertu.

ARGIRE.
Vous rendez quelque vie à ce cœur abbattu.
Eh ! qui pour nous défendre entrera dans la lice ?
Nous sommes en horreur : on est glacé d'effroi.
Qui daignera me rendre une main protectrice ?
Je n'ose m'en flatter : qui combattra ?

TANCREDE.
      Qui ? moi.
Moi, dis-je : & si le ciel seconde ma vaillance,
Je demande de vous, Seigneur, pour récompense,
De partir à l'instant sans être retenu,
Sans voir Aménaïde, & sans être connu.

ARGIRE.
Ah ! Seigneur, c'est le ciel, c'est Dieu qui vous envoye.
Mon cœur triste & flétri ne peut goûter de joye;
Mais je sens que j'expire avec moins de douleur.
Ah ! ne puis-je sçavoir à qui, dans mon malheur,

Je dois tant de respect & de reconnaissance.
Tout annonce à mes yeux vôtre haute naissance.
Hélas! qui vois-je en vous?

TANCREDE.

Vous voyez un vengeur.

SCENE V.

ORBASSAN, ARGIRE, TANCREDE, CHEVALIERS, *suite*.

ORBASSAN, *à Argire*.

L'ÉTAT est en danger; songeons à lui, Seigneur.
Nous prétendions demain sortir de nos murailles,
Nous sommes prévenus. Ceux qui nous ont trahis,
Sans doute avertissaient nos cruels ennemis.
Solamir veut tenter le destin des batailles,
Nous marcherons à lui. Vous, si vous m'en croyez,
Dérobez à vos yeux un spectacle funeste,
Insupportable, horrible à nos sens effrayés.

ARGIRE.

Il suffit, Orbassan : tout l'espoir qui me reste,
C'est d'aller expirer au milieu des combats.

(*Montrant Tancrede.*)

Ce brave Chevalier y guidera mes pas.
Et malgré les horreurs dont ma race est flétrie,
Je périrai du moins en servant ma patrie.

ORBASSAN.

Des sentimens si grands sont bien dignes de vous.
Allez aux Musulmans porter vos derniers coups.

Mais avant tout, fuyez cet appareil barbare,
Si peu fait pour vos yeux , & déjà qu'on prépare.
On approche.

ARGIRE.

Ah ! grand Dieu !

ORBASSAN.

      Les regards paternels
Doivent se détourner de ces moments cruels.
Ma place me retient, & mon devoir sévere
Veut qu'ici je contienne un Peuple téméraire ;
L'inexorable loi ne sçait rien ménager,
Toute horrible qu'elle est, je la dois protéger :
Mais vous qui n'avez point cet affreux ministere,
Qui peut vous retenir, & qui peut vous forcer
A voir couler le sang que la loi va verser ?
On vient, éloignez-vous.

TANCREDE, (à Argire.)

    Non, demeurez mon pere.

ORBASSAN.

Eh ! qui donc êtes vous ?

TANCREDE.

    Vôtre ennemi, Seigneur ;
L'ami de ce Vieillard, peut être son vengeur ;
Peut-être autant que vous à l'Etat nécessaire.

SCENE VI.

La Scène s'ouvre, on voit Aménaïde au milieu des Gardes: les Chevaliers, le Peuple rempliſſent la place.

ARGIRE, (*à Tancrede.*)

GÉNÉREUX inconnu, daignez me ſoutenir؟
Cachez-moi ces objets, c'eſt ma fille elle-même.

TANCREDE.

Quels moments pour tous trois !

AMÉNAIDE.

         O Juſtice ſuprême
Toi qui vois le paſſé, le préſent, l'avenir,
Tu lis ſeule en mon cœur, toi ſeule es équitable ;
Des prophanes humains la foule impitoyable
Parle, & juge en aveugle, & condamne au haſard.
  Chevaliers, Citoyens, vous qui tous avez part
Au ſanguinaire arrêt porté contre ma vie,
Ce n'eſt pas devant vous que je me juſtifie.
Que ce ciel qui m'entend juge entre vous & moi.
Organes odieux d'un jugement inique,
Oui, je vous outrageais, j'ai trahi vôtre loi ;
Je l'avais en horreur, elle était tyrannique.
Oui, j'offenſais un pere, il a forcé mes vœux.
J'offenſais Orbaſſan, qui, fier & rigoureux,
Prétendait ſur mon ame une injuſte puiſſance.
Citoyens, ſi la mort eſt dûe à mon offenſe,
Frappez ; mais écoutez : ſçachez tout mon malheur:
Qui va répondre à Dieu, parle aux hommes ſans peur.

De vous, mon perè; & vous, témoins de mon supplice,
Qui ne deviez pas l'être, & de qui la justice
                    (*Appercevant Tancrede.*)
Aurait pû.... ciel! ô ciel! Qui vois-je à ses côtés?
Est-ce lui?.... je me meurs.
                (*Elle tombe évanouie sur les Gardes.*)

TANCREDE.

                            Ah! ma seule présence
Est pour elle un reproche. Il n'importe, arrêtez;
Ministres de la mort, suspendez la vengeance;
Arrêtez, citoyens, j'entreprends sa défense,
Je suis son Chevalier. Ce pere infortuné,
Prêt à mourir comme elle, & non moins condamné,
Daigne avouer mon bras propice à l'innocence.
Que la seule valeur rende ici des arrêts.
Des dignes Chevaliers, c'est le plus beau partage.
Que l'on ouvre la lice, à l'honneur, au courage,
Que les Juges du camp fassent tous les apprêts.
Toi, superbe Orbassan, c'est toi que je défie,
Viens mourir de mes mains, ou m'arracher la vie.
Tes exploits & ton nom ne sont pas sans éclat:
Tu commandes ici, je veux t'en croire digne.
Je jette devant toi le gage du combat.

                (*Il jette son gantelet sur la Scène.*)
L'oses-tu relever?

ORBASSAN.

                Ton arrogance insigne
Ne mériterait pas qu'on te fît cet honneur.
(*Il fait signe à son Ecuyer de ramasser le gage de bataille.*)
Je le fais à moi-même, & consultant mon cœur,

Refpectant ce vieillard, qui daigne ici t'admettre,
Je veux bien avec toi defcendre à me commettre,
Et je vais te punir de m'ofer défier.
Quel eft ton rang, ton nom? Ce fimple bouclier
Semble nous annoncer peu de marques de gloire.

TANCREDE.

Peut-être il en aura des mains de la victoire.
Pour mon nom, je le tais; & tel eft mon deffein:
Mais je te l'apprendrai les armes à la main.
Marchons.

ORBASSAN.

Qu'à l'inftant même on ouvre la barriere,
Qu'Aménaïde ici ne foit plus prifonniere,
Jufqu'à l'évènement de ce léger combat.
Vous, fçachez, compagnons, qu'en quittant la carriere,
Je marche à vôtre tête, & je défends l'Etat;
D'un combat fingulier la gloire eft périffable,
Mais fervir la patrie eft l'honneur véritable.

TANCREDE.

Viens. Et vous, Chevaliers, j'efpere qu'aujourd'hui
L'Etat fera fauvé par d'autres que par lui.

SCENE VII.

ARGIRE, *fur le devant.* AMÉNAIDE, *au
fond, à qui l'on a ôté les fers.*

AMÉNAIDE, (*revenant à elle.*)

CIEL! que deviendra-t-il? Si l'on fçait fa naiffance,
Il eft perdu!

ARGIRE.

Ma fille....

AMÉNAIDE.

Ah! que me voulez-vous?
Vous m'avez condamnée.

ARGIRE.

O Destins en courroux!
Voulez-vous, ô mon Dieu! qui prenez sa défense,
Ou pardonner sa faute, ou venger l'innocence?
Quels bienfaits à mes vœux daignez-vous accorder?
Est-ce justice ou grace? Ah! je tremble & j'espere.
Qu'as-tu fait? Et comment dois-je te regarder!
Avec quels yeux, hélas!

AMÉNAIDE.

Avec les yeux d'un pere.
Vôtre fille est encor au bord de son tombeau,
Je ne sçais si le ciel me sera favorable.
Rien n'est changé, je suis encor sous le couteau.
Tremblez moins pour ma gloire; elle est inaltérable.
Mais si vous êtes pere, ôtez-moi de ces lieux;
Dérobez votre fille accablée, expirante,
A tout cet appareil, à la foule insultante
Qui sur mon infortune arrête ici ses yeux,
Observe mes affronts, & contemple des larmes,
Dont la cause est si belle, & qu'on ne connaît pas.

ARGIRE.

Viens, mes tremblantes mains rassureront tes pas.
Ciel! de son défenseur favorise les armes,
Ou d'un malheureux pere avance le trépas!

Fin du troisieme Acte.

ACTE IV.

SCENE PREMIERE.

TANCREDE, LORÉDAN, CHEVALIERS.
Marche guerriere; on porte les armes de Tancrede
devant lui.

LORÉDAN.

Seigneur, votre victoire est illustre & fatale ;
Vous nous avez privés d'un brave Chevalier,
Dont le cœur à l'Etat se livrait tout entier,
Et de qui la valeur fut à la vôtre égale.
Ne pouvons-nous sçavoir vôtre nom, vôtre sort ?

TANCREDE, (*dans l'attitude d'un homme pensif,*
     affligé.)

Orbassan ne l'a sçu qu'en recevant la mort.
Il emporte au tombeau mon secret & ma haine.
De mon sort malheureux ne soyez point en peine.
Si je peux vous servir, qu'importe qui je sois ?

LORÉDAN.

Demeurez ignoré, puisque vous voulez l'être
Mais que vôtre vertu se fasse ici connaître,
Par un courage utile & de dignes exploits.
Les drapeaux du Croissant dans nos champs vont paraître.
Défendez avec nous nôtre culte & nos loix.

Voyez

Voyez dans Solamir un plus grand adverſaire,
Nous perdons nôtre appui, mais vous le remplacez:
Rendez-nous le Héros que vous nous raviſſez,
Le vainqueur d'Orbaſſan nous devient néceſſaire.
Solamir vous attend.

TANCREDE.

               Oui ; je vous ai promis
De marcher avec vous contre vos ennemis,
Je tiendrai ma parole, & Solamir peut-être
Eſt plus mon ennemi que celui de l'Etat.
Je le hais plus que vous ; mais quoi qu'il en puiſſe être,
Sçachez que je ſuis prêt pour ce nouveau combat.

CATANE.

Nous attendons beaucoup d'une telle vaillance.
Attendez tout auſſi de la reconnaiſſance,
Que devra Syracuſe à votre illuſtre bras.

TANCREDE.

Il n'en eſt point pour moi, mon cœur n'en attend pas ;
Je n'en veux point, Seigneur, & cette triſte enceinte,
N'a rien qui déſormais ſoit l'objet de mes vœux.
Si je peux vous ſervir, ſi je meurs malheureux,
Je ne prétends ici récompenſe, ni plainte,
Ni gloire, ni pitié. Je ferai mon devoir,
Solamir me verra ; c'eſt-là tout mon eſpoir.

LORÉDAN.

C'eſt celui de l'Etat ; déjà le temps nous preſſe.
Ne ſongeons qu'à l'objet, qui tous nous intéreſſe,
A la victoire. Et vous qui l'allez partager,
Vous ferez averti, quand il faudra vous rendre
Au poſte où l'ennemi croit bientôt nous ſurprendre.
Dans le ſang Muſulman tout prêts à nous plonger,

E

Tout autre sentiment nous doit être étranger.
Ne pensons, croyez-moi, qu'à servir la patrie.

(Ils sortent.)

TANCREDE.

Qu'elle en soit digne ou non, je lui donne ma vie.

SCENE II.

TANCREDE, ALDAMON.

ALDAMON.

ILs ne connaissent pas quel trait envenimé
Est caché dans ce cœur trop noble & trop charmé,
Mais malgré vos douleurs & malgré vôtre outrage,
Ne remplirez-vous pas l'indispensable usage
De paraître en vainqueur aux yeux de la Beauté,
Qui vous doit son honneur, ses jours, sa liberté?
Et de lui présenter de vos mains triomphantes,
D'Orbassan terrassé les dépouilles sanglantes?

TANCREDE.

Non, sans doute, Aldamon, je ne là verrai pas.

ALDAMON.

Eh! quoi, pour la servir vous cherchiez le trépas,
Et vous fuyez loin d'elle?

TANCREDE.

Et son cœur le mérite.

ALDAMON.

Je vois trop à quel point son crime vous irrite,
Mais pour ce crime enfin vous avez combattu!

TANCREDE.

Oui, j'ai tout fait pour elle, il est vrai, je l'ai dû

Je n'ai pû, cher ami, malgré sa perfidie,
Supporter ni sa mort, ni son ignominie.
Et l'eussé-je aimé moins, comment l'abandonner ?
J'ai dû sauver ses jours, & non lui pardonner.
Qu'elle vive, il suffit, & que Tancrede expire.
Elle regrettera l'Amant qu'elle a trahi,
Le cœur qu'elle a perdu, ce cœur qu'elle déchire.
A quel excès, ô ciel ! je lui fus asservi !
Pouvais-je craindre, hélas ! de la trouver parjure ?
Je pensais adorer la vertu la plus pure ;
Je croyais les serments, les autels moins sacrés,
Qu'une simple promesse, un mot d'Aménaïde. . .

ALDAMON.

Tout est-il en ces lieux ou barbare, ou perfide ?
A la proscription vos jours furent livrés,
La loi vous persécute & l'amour vous outrage.
Eh ! bien, s'il est ainsi, fuyons de ce rivage.
Je vous suis aux combats, je vous suis pour jamais,
Loin de ces murs affreux trop souillés de forfaits.

TANCREDE.

Quel charme dans son crime à mes esprits rappelle
L'image des vertus que je crus voir en elle !
Toi qui me fais descendre avec tant de tourment
Dans l'horreur du tombeau, dont je t'ai délivrée,
Odieuse, coupable, & peut-être adorée !
Toi qui fais mon destin jusqu'au dernier moment ;
Ah ! s'il était possible, ah ! si tu pouvais être
Ce que mes yeux trompés t'ont vû toujours paraître !
Non, ce n'est qu'en mourant que je peux l'oublier,
Ma faiblesse est affreuse, il la faut expier.

E ij

Ah ! mourons, s'il fe peut, fans nous occuper d'elle.

ALDAMON.

Elle vous a paru tantôt moins criminelle.
L'Univers, difiez-vous, au menfonge eft livré,
La calomnie y regne.

TANCREDE.

      Ah ! tout eft averé,
Tout eft approfondi dans cet affreux myftere,
Solamir en ces lieux adora fes attraits.
Il demanda fa main pour le prix de la paix?
Hélas ! l'eût-il ofé, s'il n'avait pas fçu plaire ?
Ils font d'intelligence, en vain j'ai cru mon cœur.
En vain j'avais douté ! je dois en croire un pere,
Le pere le plus tendre eft fon accufateur.
Il condamne fa fille ; elle-même s'accufe,
Enfin mes yeux l'ont vû ce billet plein d'horreur :
» Puiffiez-vous vivre en maître aux murs de Syracufe,
» Et regner dans nos murs, ainfi que dans mon cœur. «
Mon malheur eft certain.

ALDAMON.

      Que ce grand cœur l'oublie,
Qu'il dédaigne une ingrate à ce point avilie.

TANCREDE.

Et pour comble d'horreur, elle a cru s'honorer,
Au plus grand des humains, elle a cru fe livrer !
Que cette idée encor m'indigne & m'humilie !
L'Arabe impérieux domine en Italie !
Et le fexe imprudent que tant d'éclat féduit,
Ce fexe à l'efclavage en leurs Etats réduit,
Frappé de ce refpect que des vainqueurs impriment,
Se livre par faibleffe aux maîtres qui l'oppriment !

Il nous trahit pour eux, nous, son servile appui,
Qui vivons à ses pieds, & qui mourons pour lui !
Ma fierté suffirait, dans une telle injure,
Pour détester ma vie, & pour fuir le parjure.

SCENE III.

TANCREDE, ALDAMON, PLUSIEURS CHEVALIERS.

CATANE.

Nos Chevaliers sont prêts ; le temps est précieux.

TANCREDE.

Oui, j'en ai trop perdu, je m'arrache à ces lieux,
Je vous suis, c'en est fait.

SCENE IV.

TANCREDE, AMÉNAIDE, ALDAMON, FANIE, CHEVALIERS.

AMÉNAIDE, (*arrivant avec précipitation.*)

O MON Dieu tutélaire,
Maître de mon destin j'embrasse vos genoux.
   (*Tancrede la releve, mais en se détournant.*)
Ce n'est point m'abbaisser ; & mon malheureux pere,
A vos pieds, comme moi, va tomber devant vous.
Pourquoi nous dérober vôtre auguste présence ?
Qui pourra condamner ma juste impatience ?

E iij

Je m'arrache à ses bras; mais ne puis-je, Seigneur,
Me permettre ma joye, & montrer tout mon cœur!
Je n'ofe vous nommer, & vous baissez la vûe!
Ne puis-je vous revoir en cet affreux féjour,
Qu'au milieu des bourreaux qui m'arrachoient le jour!
Vous êtes consterné, mon ame est confondue,
Je crains de vous parler, quelle contrainte, hélas!
Vous détournez les yeux, vous ne m'écoutez pas!

　　　T A N C R E D E, (*d'une voix entrecoupée.*)

Retournez, confolez ce vieillard que j'honore,
D'autres foins plus preffans me rappellent encore;
Envers vous, envers lui, j'ai rempli mon devoir,
J'en ai reçu le prix, je n'ai point d'autre efpoir.
Trop de reconnaiffance eft un fardeau peut-être,
Mon cœur vous en dégage, & le vôtre eft le maître
De pouvoir, à fon gré, difpofer de fon fort.
Vivez... heureufe.... & moi je vais chercher la mort.

S C E N E V.

A M É N A I D E, F A N I E.

A M É N A I D E.

Veillé-je? & du tombeau fuis-je en effet fortie?
Eft-il vrai que le ciel m'ait rendue à la vie?
Ce jour, ce trifte jour éclaire-t-il mes yeux?
Ce que je viens d'entendre, ô ma chere Fanie,
Eft un arrêt de mort plus dur, plus odieux,
Plus affreux que les loix qui m'avaient condamnée.

F A N I E.

Craint-il de s'expliquer! Vous a-t-il foupçonnée?

AMÉNAIDE.

Est-ce Tancrede, ô ciel ! qui vient de me parler ?
As-tu vû sa froideur altiere, avilissante ;
Ce courroux dédaigneux dont il m'ose accabler ?
Fanie, avec horreur, il voyait son Amante !
Il m'arrache à la mort, & c'est pour m'immoler !
Qu'ai-je donc fait, Tancrede ? ai-je pû vous déplaire ?

FANIE.

Il est vrai que son front respirait la colere.
Sa voix entrecoupée affectait des froideurs.
Il détournait ses yeux ; mais il cachait ses pleurs.

AMÉNAIDE.

Il me rebute, il fuit, me renonce & m'outrage !
Quel changement affreux a formé cet orage ?
Que veut-il ? Quelle offense excite son courroux ?
De qui dans l'Univers peut-il être jaloux ?
Oui, je lui dois la vie, & c'est toute ma gloire ;
Seul objet de mes vœux, il est mon seul appui.
Je mourais, je le sçai, sans lui, sans sa victoire ;
Mais s'il sauva mes jours, je les perdais pour lui !

FANIE.

Eh ! peut-il le sçavoir ? La voix publique entraîne,
Même en s'en défiant, on lui résiste à peine :
Cet Esclave, sa mort, ce billet malheureux,
Le nom de Solamir, l'éclat de sa vaillance,
L'offre de son hymen, l'audace de ses feux,
Tout parlait contre vous, jusqu'à vôtre silence ;
Ce silence si fier, si grand, si généreux,
Qui dérobait Tancrede à l'injuste vengeance
De vos communs tyrans armés contre vous deux,
Quels yeux pouvaient percer ce voile ténébreux ?

Le préjugé l'emporte, & l'on croit l'apparence.
 AMÉNAIDE.
Lui, me croire coupable !
FANIE.
                        Ah ! s'il peut s'abufer,
Excufez un Amant.
AMÉNAIDE, (reprenant fa fierté & fes forces.)
                    Rien ne peut l'excufer ;
Quand l'Univers entier m'accuferait d'un crime,
Sur fon jugement feul un grand homme appuyé,
A l'Univers féduit oppofe fon eftime.
Il aura donc pour moi combattu par pitié !
Cet opprobre eft affreux, & j'en fuis accablée,
Hélas ! mourant pour lui, je mourrais confolée !
Et c'eft lui qui m'outrage, & m'ofe foupçonner !
C'en eft fait, je ne veux jamais lui pardonner.
Ses bienfaits font toujours préfents à ma penfée,
Ils refteront gravés dans mon ame offenfée.
Mais s'il a pû me croire indigne de fa foi,
C'eft lui qui pour jamais eft indigne de moi.
Ah ! de tous mes affronts, c'eft le plus grand peut-être !
FANIE.
Mais il ne connaît pas.
AMÉNAIDE.
                    Il devait me connaître,
Il devait refpecter un cœur tel que le mien ;
Il devait préfumer qu'il était impoffible
Que jamais je trahiffe un fi noble lien.
Ce cœur eft auffi fier que fon bras invincible,
Ce cœur était en tout auffi grand que le fien,
Moins foupçonneux fans doute, & furtout plus fenfible.

Je renonce à Tancrede, au reste des mortels,
Ils font faux ou méchans; ils font faibles, cruels,
Ou trompeurs, ou trompés; & ma douleur profonde,
En oubliant Tancrede, oubliera tout le monde.

SCENE VI.

ARGIRE, AMÉNAIDE, *insulte.*

ARGIRE, (*soutenu par fes Ecuyers.*)

MES amis, avancez, aidez mes faibles ans:
On va combattre; allons, guidez mes pas tremblants,
Ne pourrai-je embraffer ce Héros tutélaire?
Ah! ne puis-je fçavoir qui t'a fauvé le jour?

AMÉNAIDE, (*plongée dans fa douleur, appuyée d'une
main fur Fanie, & fe tournant à moitié vers fon pere.*)

Un mortel autrefois digne de mon amour,
Un Héros en ces lieux opprimé par mon pere,
Que je n'ofais nommer, que vous aviez profcrit,
Le feul & cher objet de ce fatal écrit,
Le dernier rejetton d'une famille augufte,
Le plus grand des humains. Hélas! le plus injufte!
En un mot, c'eft Tancrede.

ARGIRE.

O ciel! que m'as-tu dit?

AMÉNAIDE.

Ce que ne peut cacher la douleur qui m'égare,
Ce que je vous confie en craignant tout pour lui.

ARGIRE.

Lui! Tancrede!

AMÉNAIDE.

Et quel autre eût été mon appui?

ARGIRE.

Tancrede qu'opprima nôtre Sénat barbare !

AMÉNAIDE.

Oui, lui-même.

ARGIRE.

Et pour nous il fait tout aujourd'hui !
Nous lui raviffions tout, biens, dignité, patrie,
Et c'eft lui qui pour nous vient prodiguer fa vie !
O Juges malheureux ! qui, dans nos faibles mains,
Tenons aveuglément le glaive & la balance,
Combien nos jugemens font injuftes & vains
Et combien nous égare une fauffe prudence !
Que nous étions ingrats ! que nous étions tyrans !

AMÉNAIDE.

Je peux me plaindre à vous, je le fçais, mais mon pere
Votre vertu fe fait des reproches fi grands,
Que mon cœur défolé tremble de vous en faire.
Je les dois à Tancrede.

ARGIRE.

A lui par qui je vis !
A qui je dois tes jours !

AMÉNAIDE.

Ils font trop avilis,
Ils font trop malheureux. C'eft en vous que j'efpere;
Réparez tant d'horreurs & tant de cruauté ;
Ah ! rendez-moi l'honneur que vous m'avez ôté.
Le vainqueur d'Orbaffan n'a fauvé que ma vie,
Venez, que votre voix parle & me juftifie.

ARGIRE.

Sans doute, je le dois.

AMÉNAIDE.
Je vole sur ses pas.

ARGIRE.

Demeure.

AMÉNAIDE.
Moi rester, je vous suis aux combats?
J'ai vû la mort de près, & je l'ai vûe horrible;
Croyez qu'aux champs d'honneur elle est bien moins ter-
 rible,
Qu'à l'indigne échaffaut où vous me conduisiez.
Seigneur, il n'est plus temps que vous me refusiez;
J'ai quelques droits sur vous : mon malheur me les donne.
Faudra-t-il que deux fois mon pere m'abandonne ?

ARGIRE.

Ma fille, je n'ai plus d'autorité sur toi,
J'en avais abusé, je dois l'avoir perdue.
Mais quel est ce dessein qui me glace d'effroi ?
Crains les égaremens de ton ame éperdue.
Ce n'est point en ces lieux comme en d'autres climats,
Où le sexe élevé loin d'une triste gêne,
Marche avec les Héros, & s'en distingue à peine;
Et nos mœurs & nos loix ne le permettent pas.

AMÉNAIDE.

Quelles loix ! Quelles mœurs ! indignes & cruelles
Sçachez qu'en ce moment je suis au-dessus d'elles,
Sçachez que, dans ce jour d'injustice & d'horreur,
Je n'écoute plus rien que la loi de mon cœur.
Quoi ! ces affreuses loix dont le poids vous opprime,
Auront pris dans vos bras votre sang pour victime !
Elles auront permis qu'aux yeux des citoyens,
Votre fille ait paru dans d'infâmes liens,

Et ne permettront pas qu'aux champs de la victoire
J'accompagne mon pere, & défende ma gloire :
Et le sexe en ces lieux conduit aux échaffauts,
Ne pourra se montrer qu'au milieu des bourreaux :
L'injustice à la fin produit l'indépendance.
Vous frémissez ! mon pere, ah ! vous deviez frémir,
Quand de vos ennemis caressant l'insolence,
Au superbe Orbassan vous pûtes vous unir
Contre le seul mortel qui prend votre défense ;
Quand vous m'avez forcée à vous désobéir.

ARGIRE.

Va, c'est trop accabler un pere déplorable ;
N'abuse point du droit de me trouver coupable.
Je le suis, je le sens, je me suis condamné.
Respecte ma douleur ; & si ton cœur encore,
D'un pere au désespoir ne s'est point détourné,
Laisse-moi seul mourir par les flèches du Maure.
Je vais joindre Tancrede, & tu n'en peux douter.
Vous, observez ses pas.

<hr>

SCENE VII.

AMÉNAIDE, FANIE.

AMÉNAIDE.

Qui pourrait m'arrêter ?
Tancrede, qui me hais, & qui m'as outragée,
Qui m'oses mépriser, après m'avoir vengée,
Oui, je veux à tes yeux combattre & t'imiter.

Des traits sur toi lancés affronter la tempête,
En recevoir les coups, en garantir ta tête.
Te rendre à tes côtés tout ce que je te doi,
Punir ton injustice en expirant pour toi,
Surpasser, s'il se peut, ta rigueur inhumaine,
Mourante entre tes bras t'accabler de ma haine
De ma haine trop juste, & laisser à ma mort,
Dans ton cœur qui m'aima, le poignard du remord,
L'Éternel repentir d'un crime irréparable,
Et l'amour que j'abjure, & l'horreur qui m'accable.

Fin du quatrieme Acte.

ACTE V.

SCENE PREMIERE.

*LES CHEVALIERS, PEUPLE. Les Chevaliers
& Ecuyers l'épée à la main ; des Soldats por-
tans des trophées.*

LORÉDAN.

ALLEZ & préparez les chants de la victoire,
Peuple ; au Dieu des combats prodiguez votre encens,
C'est lui qui nous fait vaincre, à lui seul est la gloire,
S'il ne conduit nos coups, nos bras sont impuissans.
Il a brisé les traits, il a rompu les piéges,
Dont nous environnaient ces brigands sacriléges,
De cent peuples vaincus dominateurs cruels.
Sur leurs corps tout sanglans érigez vos trophées,
Et foulant à vos pieds leurs fureurs étouffées,
Des trésors du croissant ornez nos saints autels ;
Que l'Espagne opprimée & l'Italie en cendre,
L'Egypte terrassée & la Syrie aux fers
Apprennent aujourd'hui comme on peut se défendre,
Contre ces fiers tyrans l'effroi de l'Univers.
C'est à nous maintenant de consoler Argire.
Que le bonheur Public appaise ses douleurs ;
Puissions-nous voir en lui, malgré tous ses malheurs,
L'homme d'Etat heureux, quand le pere soupire :

Acte 5.me
L. R. Sculp.
P. F. Tardieu Sculp.

Mais pourquoi ce guerrier, ce héros inconnu ;
A qui l'on doit, dit-on, le succès de nos armes,
Avec nos Chevaliers n'est-il point revenu ?
Ce triomphe à ses yeux a-t-il si peu de charmes ?
Croit-il de ses exploits que nous soyons jaloux ?
Nous sommes assez grands pour être sans envie.
Veut-il fuir Syracuse après l'avoir servie ?

       (*A Catane.*)

Seigneur, il a long-tems combattu près de vous.
D'où vient qu'ayant voulu courir notre fortune,
Il ne partage point l'allégresse commune ?

C A T A N E.

Apprenez-en la cause & daignez m'écouter.
Quand du chemin d'Etna vous fermiez le passage,
Placé loin de vos yeux, j'étais vers le rivage
Où nos fiers ennemis osaient nous résister.
Il voulait courir seul & se précipiter.
Nous étions étonnés qu'il n'eût point ce courage
Inaltérable & calme au milieu du carnage,
Cette vertu d'un chef & ce don d'un grand cœur.
Un désespoir affreux égarait sa valeur ;
Sa voix entrecoupée & son regard farouche
Annonçaient la douleur qui troublait ses esprits.
Il appellait souvent Solamir à grand cris ;
Le nom d'Amenaïde échappait de sa bouche ;
Il la nommait parjure, & malgré ses fureurs,
De ses yeux enflammés j'ai vu tomber des pleurs.
Il cherchait à mourir, & toujours invincible,
Plus il s'abandonnait, plus il était terrible.

Tout cedait à nos coups & sur-tout à son bras ;
Nous revenions vers vous, conduits par la victoire ;
Mais lui, les yeux baissés, insensible à la gloire,
Morne, triste, abbattu, regrettant le trépas,
Il appelle, en pleurant, Aldamon qui s'avance ;
Il l'embrasse, il lui parle, & loin de nous s'élance
Aussi rapidement qu'il avait combattu.
C'est pour jamais, dit-il : ces mots nous laissent croire,
Que ce grand Chevalier, si digne de mémoire,
Veut être à Syracuse à jamais inconnu.
Nul ne peut soupçonner le dessein qui le guide.
Mais dans le même instant je vois Amenaïde ;
Je la vois éperdue au milieu des soldats,
La mort dans les regards, pâle, défigurée ;
Elle appelle Tancrede, elle vole égarée.
Son pere, en gémissant, suit à peine ses pas.
Il ramene avec nous Amenaïde en larmes.
C'est Tancrede, dit-il, ce héros dont les armes
Ont étonné nos yeux par de si grands exploits ;
Ce vengeur de l'Etat, vengeur d'Amenaïde ;
C'est lui que, ce matin, d'une commune voix,
Nous déclarions rebelle & nous nommions perfide ;
C'est ce même Tancrede exilé par nos loix.
Amis, que faut-il faire & quel parti nous reste ?

LORÉDAN.

Il n'en est qu'un pour nous : celui du repentir.
Persister dans sa faute est horrible & funeste ;
Un grand homme opprimé doit nous faire rougir.
On condamna souvent la vertu, le mérite ;
Mais quand ils sont connus, il les faut honorer.

SCENE II.

SCENE II.

LES CHEVALIERS, ARGIRE, AMENAIDE *dans*
l'enfoncement soutenue par ses femmes.

ARGIRE *arrivant avec précipitation.*

IL les faut secourir, il les faut délivrer ;
Tancrede est en péril, trop de zéle l'excite ;
Tancrede s'est lancé parmi les ennemis ,
Contre lui ramenés , contre lui seul unis.
Hélas ! j'accuse en vain mon âge qui me glace.
Guerriers de qui la force est égale à l'audace ,
Vous qui du faix des ans n'êtes point affoiblis,
Courez tous, dissipez ma crainte impatiente ;
Courez, rendez Tancrede à ma fille innocente.

LOREDAN.

C'est nous en dire trop ; le tems est cher , volons :
Secourons sa valeur qui devient imprudente,
Et cet emportement que nous désapprouvons.

SCENE III.

ARGIRE, AMÉNAIDE.

ARGIRE.

O Ciel ! tu prends pitié d'un pere qui t'adore.
Tu m'as rendu ma fille , & tu me rends encore
L'heureux libérateur qui nous a tous vengés !
    (*Aménaïde entre.*)
Ma fille , un juste espoir dans nos cœurs doit renaître ;
J'ai causé tes malheurs , je les ai partagés :
Ils vont cesser enfin ; Tancrede va paraître.
Ne puis-je consoler tes esprits affligés ?

AMÉNAIDE.

Je me consolerai , quand je verrai Tancrede ,
Quand ce fatal objet de l'horreur qui m'obsede ,
Aura plus de justice & sera sans danger ,
Quand j'apprendrai de vous qu'il vit sans m'outrager ,
Et lorsque ses remords expieront mes injures.

ARGIRE.

Je ressens ton état : sans doute il doit t'aigrir.
On n'essuya jamais des épreuves plus dures ;
Je sçais ce qu'il en coûte , & qu'il est des blessures ,
Dont un cœur généreux peut rarement guérir.
La cicatrice en reste ; il est vrai , mais , ma fille ,
Nous avons vu Tancrede en ces lieux abhorré ,
Apprends qu'il est chéri , glorieux , honoré :
Sur toi-même il répand tout l'éclat dont il brille.

Après ce qu'il a fait, il veut nous faire voir ;
Par l'excès de sa gloire & de tant de services,
L'excès où ses rivaux portaient leurs injustices.
Le Vulgaire est content, s'il remplit son devoir :
Il faut plus au héros, il faut que sa vaillance
Aille au de-là du terme & de notre espérance.
C'est ce que fait Tancrede ; il passe notre espoir ;
Il te verra constante & te sera fidéle.
Le Peuple en ta faveur s'éleve & s'attendrit ;
Tancrede va sortir de son erreur cruelle,
Pour éclairer ses yeux, pour calmer son esprit,
Il ne faudra qu'un mot.

AMÉNAÏDE.

    Et ce mot n'est pas dit.
Que m'importe, ce peuple & son indigne outrage ;
Et sa fureur crédule & sa pitié volage,
Et la publique voix que je n'entendrai pas ?
D'un seul mortel, d'un seul dépend ma renommée.
Sachez que votre fille aime mieux le trépas,
Que de vivre un moment sans en être estimée.
Sachez, (il faut enfin m'en vanter devant vous,)
Que dans mon bienfaiteur j'adorais mon époux.
Ma mere au lit de mort a reçu nos promesses :
Sa derniere priere a béni nos tendresses :
Elle joignit nos mains qui fermerent ses yeux.
Nous jurâmes par elle à la face des cieux,
Par ses mânes, par vous, vous, trop malheureux pere !
De nous aimer en vous, d'être unis pour vous plaire,
De former nos liens dans vos bras paternels.
Seigneur, les échaffauts ont été nos autels ;

Mon Amant, mon Epoux cherche un trépas funeste :
Et l'horreur de ma honte est tout ce qui me reste.
Voilà mon fort.

ARGIRE.

Enfin ce fort est réparé,
Et nous obtiendrons plus que tu n'as espéré.

AMÉNAIDE.

Je crains tout.

SCENE IV.

ARGIRE, AMÉNAIDE, FANIE.

FANIE.

Partagez l'allégresse publique :
Jouissez plus que nous de ce prodige unique.
Tancrede a combattu : Tancrede a dissipé
Le reste d'une armée au carnage échappé.
Solamir est tombé sous cette main terrible,
Victime dévouée à notre Etat vangé,
Au bonheur d'un pays qui devient invincible,
Sur-tout à votre nom, qu'on avait outragé.
La prompte renommée en répand la nouvelle,
Ce peuple yvre de joie & volant après lui,
Le nomme son héros, sa gloire, son appui,
Parle même du thrône où sa vertu l'appelle.
Un seul de nos guerriers, Seigneur, l'avait suivi ;
C'est ce même Aldamon, qui sous vous a servi.

Lui feul a partagé fes exploits incroyables.
Et quand nos Chevaliers, dans un danger fi grand,
Lui font venus offrir leurs armes fécourables,
Tancrede avait tout fait ; il était triomphant.
Entendez-vous ces cris qui vantent fa vaillance ?
On l'éleve au-deffus des héros de la France,
Des Rolands, des Lifois dont il eft defcendu.
Venez voir mille mains couronner fa vertu.
Venez voir ce triomphe & recevoir l'hommage,
Que vous avez de lui trop long-tems attendu.
Tout vous rit, tout vous fert, tout venge votre outrage ;
Et Tancrede à vos vœux eft pour jamais rendu.

AMÉNAIDE.

Ah ! je refpire enfin, mon cœur connoît la joie ;
Ah ! mon pere, adorons le ciel qui me renvoie
Par ces coups inouis, tout ce que j'ai perdu.
De combien de tourmens fa bonté me délivre !
Ce n'eft qu'en ce moment que je commence à vivre.
Mon bonheur eft au comble, hélas ! il m'eft bien dû.
Je veux tout oublier ; pardonnez-moi mes plaintes,
Mes reproches amers, & mes frivoles craintes ;
Oppreffeurs de Tancrede, ennemis citoyens,
Soyez tous à fes pieds ; il va tomber aux miens.

ARGIRE.

Oui, le ciel pour jamais daigne effuyer nos larmes.
Je me trompe, ou je vois le fidéle Aldamon,
Qui fuivait feul Tancrede & fécondait fes armes ;
C'eft lui, c'eft ce guerrier fi cher à ma maifon.
De nos profpérités la nouvelle eft certaine.
Mais d'où vient que vers nous, il fe traîne avec peine ?
Eft-il bleffé ? Ses yeux annoncent la douleur !

F iij

S C E N E V.

ARGIRE, AMÉNAIDE, ALDAMON, FANIE.

AMÉNAIDE.

Parlez, cher Aldamon, Tancrede est donc vainqueur?

ALDAMON.

Sans doute, il l'est, Madame.

AMÉNAIDE.

A ces chants d'allegresse,
A ces voix que j'entends, il s'avance en ces lieux?

ALDAMON.

Ces chants vont se changer en des cris de tristesse.

AMÉNAIDE.

Qu'entends-je? Ah! malheureuse!

ALDAMON.

Un jour si glorieux
Est le dernier des jours de ce héros fidéle.

AMÉNAIDE.

Il est mort!

ALDAMON.

La lumiere éclaire encor ses yeux:
Mais il est expirant d'une atteinte mortelle;
Je vous apporte ici de funestes adieux.
Cette lettre fatale, & de son sang tracée,
Doit vous apprendre, hélas! sa derniere pensée.
Je m'acquitte en tremblant de cet affreux devoir.

ARGIRE.

O jour de l'infortune! ô jour du désespoir!

AMÉNAIDE *revenant à elle.*

Donnez-moi mon arrêt, il me défend de vivre ;
Il m'est cher... ô Tancrede ! ô maître de mon fort !
Ton ordre, quel qu'il foit, eſt l'ordre de te ſuivre,
J'obéirai... donnez, votre lettre eſt la mort.

ALDAMON.

Lifez donc ; pardonnez ce trifte miniftere.

AMÉNAIDE.

O mes yeux ! lirez-vous ce ſanglant caractere ?
Le pourrai-je ? Il le faut... c'eſt mon dernier effort.
   (*Elle lit.*)
» Je ne pouvais ſurvivre à votre perfidie ;
» Je meurs dans les combats, mais je meurs par vos coups.
» J'aurais voulu, cruelle, en m'expoſant pour vous,
» Vous avoir conſervé la gloire avec la vie.
Eh ! bien, mon pere !
   (*Elle ſe rejette dans les bras de Fanie.*)

ARGIRE.

   Enfin, les deſtins déformais
Ont aſſouvi leur haine, ont épuiſé leurs traits ;
Nous voilà maintenant ſans eſpoir & ſans crainte,
Ton état & le mien ne permet plus la plainte.
Ma chere Aménaïde ! avant que de quitter
Ce jour, ce monde affreux que je dois détefter,
Que j'apprenne du moins à ma trifte patrie
Les honneurs qu'on devait à la vertu trahie ;
Que dans l'horrible excès de ma confuſion,
J'apprenne à l'Univers à reſpecter ton nom.

AMÉNAIDE.

Eh   que fait l'Univers à ma douleur profonde?
Que me fait ma patrie & le reste du monde?
Tancrede meurt.

ARGIRE.

Je céde aux coups qui m'ont frappé.

AMÉNAIDE.

Tancrede meurt, ô ciel! sans être détrompé!
Vous en êtes la cause... Ah! devant qu'il expire....
Que vois-je? mes tyrans!...

SCENE DERNIERE.

LORÉDAN, CHEVALIERS, AMÉNAIDE, ARGIRE, FANIE, ALDAMON.

LORÉDAN.

O malheureux Argire!
O fille infortunée! on conduit devant vous
Ce brave Chevalier percé de nobles coups.
Il a trop écouté son aveugle furie,
Il a voulu mourir, mais il meurt en Héros.
De ce sang précieux versé pour la patrie,
Nos secours empressés ont suspendu les flots.
Cette ame qu'enflammait un courage intrépide,
Semble encor s'arrêter pour voir Aménaïde.
Il la nomme; les pleurs coulent de tous les yeux,
Et d'un juste remords je ne puis me défendre.

(Pendant qu'il parle , on approche lentement Tancrede vers
Aménaide presque évanouie entre les bras de ses femmes ;
elle se débarrasse précipitamment des femmes qui là sou-
tiennent , & se tournant avec horreur vers Lorédan, dit :)

AMÉNAIDE.

Barbare , laisse-là ton remords odieux.

(Puis courant à Tancrede , & se jettant à ses pieds.)

Tancrede , cher Amant, trop cruel & trop tendre,
Dans nos derniers instans , hélas ! peux-tu m'entendre ?
Tes yeux appesantis peuvent-ils me revoir ?
Hélas ! reconnais moi, connais mon désespoir.
Dans le même tombeau souffre au moins ton épouse ;
C'est-là le seul honneur dont mon ame est jalouse,
Ce nom sacré m'est dû ; tu me l'avais promis.
Ne sois point plus cruel que tous nos ennemis.
Honore d'un regard ton épouse fidele.

(Tancrede la regarde.)

C'est donc-là le dernier que tu jettes sur elle ?
De ton cœur généreux son cœur est-il haï ?
Peux-tu me soupçonner ?

T A N C R E D E , *(se soulevant un peu, & retombant.)*
                    Ah ! vous m'avez trahi !

AMÉNAIDE.

Qui ! moi ? Tancrede !

A R G I R E , *(se jettant aussi à genoux de l'autre côté, &*
embrassant Tancrede , puis se relevant.)
                    Hélas ! ma fille infortunée ,
Pour t'avoir trop aimé fut par nous condamnée ;
Et nous la punissions de te garder sa foi :
Nous fûmes tous cruels envers elle , envers toi.
Nos Loix, nos Chevaliers, un Tribunal auguste ,
Nous avons failli tous ; elle seule était juste.

Son écrit malheureux qui nous avait armés,
Cet écrit fut pour toi, pour le Héros qu'elle aime,
Cruellement trompé, je t'ai trompé moi-même.

TANCREDE, (*se soulevant encore.*)

Aménaïde, ô ciel! est-il vrai? vous m'aimez!

AMÉNAIDE.

Va, j'aurais en effet mérité mon supplice,
Ce supplice honteux dont tu m'as sçu tirer,
Si j'avais un moment cessé de t'adorer;
Si mon cœur eût commis cette horrible injustice.

TANCREDE, (*en reprenant un peu de force, &
élevant la voix.*)

Vous m'aimez! ô bonheur plus grand que mes revers!
Je sens trop qu'à ce mot je regrette la vie.
J'ai mérité la mort, j'ai cru la calomnie.
Ma vie était horrible! hélas! & je la perds,
Quand un mot de ta bouche allait la rendre heureuse.

AMÉNAIDE.

Ce n'est donc, juste Dieu! que dans cette heure affreuse,
Ce n'est qu'en le perdant que j'ai pû lui parler!
Ah! Tancrede!

TANCREDE.

Vos pleurs devraient me consoler;
Mais il faut vous quitter, ma mort est douloureuse,
Je sens qu'elle s'approche; Argire, écoutez-moi.
Voilà le digne objet qui me donna sa foi,
Voilà de nos soupçons la victime innocente.
A sa tremblante main joignez ma main sanglante.
Que j'emporte au tombeau le nom de son époux:
Soyez mon pere.

ARGIRE, (*prenant leurs mains.*)

Hélas! mon cher fils, puissiez-vous

Vivre encor adoré d'une épouse chérie !

TANCREDE.

J'ai vécu pour venger ma femme & ma patrie.
J'expire entre leurs bras, digne de toutes deux.
De toutes deux aimé, j'ai rempli tous mes vœux.
Ma chere Aménaïde. . . .

AMÉNAIDE.

Eh ! bien !

TANCREDE.

Gardez de suivre
Ce malheureux Amant, & jurez-moi de vivre.

CATANE.

Il expire... & nos cœurs de regret pénétrés...
Qui l'ont connu trop tard....

AMÉNAIDE, (*se jettant sur le corps de Tancrede.*)

Il meurt, & vous pleurez...
Vous cruels, vous tyrans, qui lui coûtez la vie !
(*Elle se releve & marche.*)
Que l'enfer engloutisse & vous & ma patrie !
Et ce Sénat barbare, & ses horribles droits,
D'égorger l'innocence avec le fer des loix.
Que ne puis-je expirer dans Syracuse en poudre,
Sur vos corps tout sanglans écrasés par la foudre !
(*Elle se rejette sur le corps de Tancrede.*)
Tancrede, cher Tancrede ! (*Elle se releve en fureur.*) Il
meurt & vous vivez !
Vous vivez ; je le suis, je l'entends, il m'appelle :
Il se rejoint à moi dans la nuit éternelle.
Je vous laisse aux tourmens qui vous sont réservés.
(*Elle tombe dans les bras de Fanie.*)

ARGIRE.

Ah ! ma fille !

AMÉNAIDE, (*égarée & le repouſſant.*)

Arrêtez. Vous n'êtes point mon pere,
Votre cœur n'en eut point le ſacré caractere.
Vous fûtes leur complice ;.. ah ! pardonnez, hélas !
Je meurs en vous aimant ;.. j'expire entre tes bras,
Cher Tancrede.

(*Elle tombe à côté de lui.*)

ARGIRE.

O ma fille ! ô ma chere Fanie !
Qu'avant ma mort, hélas ! on la rende à la vie.

FIN.

www.ingramcontent.com/pod-product-compliance
Ingram Content Group UK Ltd.
Pitfield, Milton Keynes, MK11 3LW, UK
UKHW021745090726
13657UKWH00002B/943